DIE MAUER

Die dramatische Geschichte der Teilung Berlins

**Dokumentation
von Tom Buchwald**

Beratende Mitarbeit:
Mauer-Archiv Hagen Koch

1. Auflage: 2008
Originalausgabe mit 182 Fotodokumenten

Nordlichtstrasse 71, 13405 Berlin
Telefon: (030) 3640 770 Fax: (030) 3640 7777
e-mail: info@schikkus.de
www.schikkus.de

Bildnachweise:
Photonet.de / Lehnartz: Seite 3, Seite 5 mitte und unten, Seite 6, Seite 7 oben, Seite 8, Seite 9, Seite 10, Seite 11, Seite 12, Seite 13, Seite 14, Seite 15, Seite 16, Seite 17, Seite 18, Seite 19, Seite 20, Seite 22, Seite 28 oben, Seite 29, Seite 30, Seite 31, Seite 33, Seite 34, Seite 35, Seite 36, Seite 37, Seite 38, Seite 39, Seite 40 und 41, Seite 42, Seite 44, Seite 45, Seite 46, Seite 47, Seite 48, Seite 49, Seite 50, Seite 51, Seite 52, Seite 53, Seite 54, Seite 55, Seite 56, Seite 57, Seite 58, Seite 59, Seite 60, Seite 61, Seite 62, Seite 63, Seite 65, Seite 66, Seite 67, Seite 68, Seite 69, Seite 70, Seite 72, Seite 74 unten, Seite 76 oben, Seite 77, Seite 78, Seite, Seite 79, Seite 82, Seite 83, Seite 84, Seite 85, Seite 86, Seite 87, Seite 88, Seite 89, Seite 90, Seite 91, Seite 92, Seite 93, Seite 94, Seite 95, Seite 96, Seite 97, Seite 98, Seite 99, Seite 100, Seite 101, Seite 102, Seite 103, Seite 104, Seite 105, Seite 106, Seite 107, Seite 108, Seite 109, Seite 110, Seite 111, Seite 113, Seite 114 unten, Seite 115, Seite 116, Seite 117, Seite 118, Seite 119; Photonet.de / Agentur/Samlungen: Seite 5 oben, Seite 43, Seite 75, Seite 114 oben und mitte; BPK / Moll: Titel; Ullstein Bild: Bera Seite 7 und 75 unten, Sakowitz Seite 71, Leibing Seite 73, Rücktitel; Sammlung Schikkus: Seite 21, Seite 23, Seite 24, Seite 27, Seite 28 unten, Seite 32 unten, Seite 64, Seite 74, Seite 76, Landesarchiv: Seite 25 und 32 oben, Seite 80, Seite 81.

Layout: Image Network Company

I.S.B.N. 978-84-378-2634-9
Gedruckt in der EU
Hinterlegtes Pflichtexemplar B. 29373-2008

Einleitung

Berlin ist neben Paris und London die meistbesuchte Stadt Europas. Doch nicht nur das: sie war auch die am häufigsten beweinte und meistbestaunte Stadt. Für ihre 3,8 Millionen Bewohner, die sie immer wieder neu entdecken, ebenso, wie für die gut 13 Millionen Übernachtungsgäste, die jährlich herbei strömen.

Dieses Buch schildert eines der grausamsten Kapitel der Geschichte Deutschlands: den Aufbau und Sturz der Berliner "Mauer". Es vergegenwärtigt die Tragödien der Opfer und dokumentiert das atemberaubende Geschehen am "Checkpoint Charlie", dem berühmt-berüchtigten Grenzübergang, an dem die Menschheit um Haaresbreite in den dritten Weltkrieg – ihren ersten Atomkrieg – geschleudert wäre.

Ist die mörderische "Mauer" schon Vergangenheit?
Allein als physisches Monstrum ist sie – bis auf wenige "Erinnerungsstücke" – verschwunden! Die Gründe, deretwegen sie errichtet wurde, bestehen jedoch weiterhin: Ideologisch gerechtfertigte Regierungsverbrechen wie sie auch heute überall in der Welt geschehen, erregen die Menschen weniger, als der Diebstahl des eigenen Portemonais. Sobald das absolut Böse eine gewisse Größe erreicht, wird es unsichtbar. Das verheerende Auseinanderreißen menschlicher Bindungen, die psychischen und auch physischen Zerstörungen müssen sich überall in der Welt wiederholen, so lange wie innerhalb der Völkerfamilie die Kluft zwischen armen und reichen, ungebildeten und geschulten Menschen besteht; so lange, wie sich nicht alle Kulturkreise, Religionen und politischen Ideologien dazu bekennen, daß die Würde eines jeden Menschen das unantastbar höchste Gut auf Erden ist.

Walter Ulbricht bei seiner Rede anlässlich der "Weltjugendspiele" im Juli 1964

Wer wollte die Mauer, und aus welchem Grund?
Die Machthaber der DDR beschlossen 1961 den Bau der Mauer aus – hauptsächlich – 3 Gründen. Ihr größtes Problem, das sie lösen mußten, war, daß ihr Volk ihnen davon lief. Seit Oktober 1949, dem Gründungsdatum der DDR, sind fast 2,5 Millionen ihrer Bürger in die Wohlstandsgesellschaft West-Berlins und Westdeutschlands geflohen. Und die Flüchtlingsströme schwollen an.
Zusehends blutete die DDR aus. Ihr fehlten Wissenschaftler, Ärzte, Facharbeiter und Studenten.
Hinzu kam, daß die Versorgungslage der DDR-Bürger zu kollabieren drohte. Immer mehr West-Berliner versorgten sich in ihren Wechselstuben mit billigem Ost-Geld (der Kurs stand zeitweilig 1./.5) und kauften in Ost-Berlin die Läden leer; kauften alles, was im Westteil der Stadt um ein Vielfaches teurer war, und lebten in den Augen der benachteiligten "Ostler" im Luxus. Zu Anfang rieben die DDR-Bonzen sich ihrer schnell wachsenden Umsätze wegen die Hände, schließlich aber mußten sie erkennen, daß die Unterversorgung der eigenen Bevölkerung nun ebenfalls zu einem gefährlichen Problem geworden war. Der Bau der Mauer war für den Westen also voraussehbar, und dennoch traf er ihn – scheinbar – überraschend...

Sobald das absolut Böse eine gewisse Größe erreicht, wird es unsichtbar

Mißbrauchte Kinder: Begeisterte Mitglieder der "FDJ - Freien Deutsche Jugend" 1964 im Stadion der Weltjugend

17. August 1962: Die Leiche eines der Opfer der Mörder-Mauer wird von willigen Vollstreckern des Staats-Terrors beiseite geschafft

In Westberlin herrscht Ahnungslosigkeit

Im Juni 1961 – wenige Wochen vor der gewaltsamen Teilung Deutschlands – jubeln Berliner aus Ost und West den aus aller Welt eingeflogenen Filmstars zu. Die "XI. Internationalen Filmfestspiele Berlin" werden gefeiert. Sex-Bomben-Alarm wird ausgerufen: Mit ihren Skandalauftritten wird das Ami-Starlett Jayne Mansfield zur Mutter aller Festspiel-"Luder". Für ein Handgeld von 2000 Mark entblößt die üppige Wasserstoff-Blondine aus Pennsylvania sich auf Zupfiff. Festspielleiter Alfred Braun ist "very shokking",...reines Nervengas, diese Frau! Sündig amüsiert dagegen die Berliner, sie genießen die neue Freizügigkeit.

Statt Sprengbomben platzen endlich die Sexbomben

Auf dem Kurfürstendamm, vor den prächtigen Film-Uraufführungspalästen, verfolgen Zehntausende den glamourösen Aufmarsch ihrer Zelloloid-Götter. Die mit ihrer unmodischen Garderobe sich als Menschen aus dem Sowjetsektor "outen", suchen für Augenblicke die eintönige Traurigkeit ihres Ost-Alltags zu verdrängen, träumen vielleicht von einem etwas weniger ärmlichen Leben. Die anderen, die im amerikanischen, englischen oder französischen Sektor als Geschöpfe des neudeutschen Wirtschaftswunders leben, fühlen sich inmitten dieses Glanzes und Glimmers fast ein bißchen wie zu Hause, wo sich unter der modischen Zimmerpalme bunte

Junge Westberliner lieben den Rock'n'Roll

Illustrierte und lockende Reisekataloge stapeln...
Westberlin, der Stachel im Fleische des Sowjetimperiums, ist 1960/61 das "Schaufenster" des "goldenen Westens". Ost-Berliner und Besucher aus dem übrigen Gebiet der sowjetischen Besatzungszone, die im Oktober 1949

zur "Deutschen Demokratischen Republik" (DDR) wurde (eine Namensgebung als Etikettenschwindel, denn demokratisch war nichts an diesem kommunistischen Unrechtsstaat!) sind fasziniert. Staunend stehen sie vor dem üppigen Warenangebot für das leibliche und seelische Wohl. Sind

Der berühmte Kurfürstendamm während der "Internationalen Filmfestspiele" 1961

überrascht von der freizügigen, weltaufgeschlossenen Kulturszene, überrumpelt von der scheinbaren Grenzenlosigkeit westlichen Denkens. Verfolgen mit eigenen Augen auf der "Grünen Woche", auf Freizeitmessen und der deutschen Industrieausstellung den rasanten Aufstieg des von den Westalliierten besetzten Teil Deutschlands. Wie `Orpheus aus der Asche` war Westdeutschland mit West-Berlin zur Wohlstandsgesellschaft aufgestiegen, in der es den meisten Menschen wirtschaftlich sogar schon besser als der Bevölkerung der `Siegermacht` England ging. Das West-Berliner Arbeitsamt meldet Vollbeschäftigung. Die vielfältigen Förderungsprogramme für diese Stadthälfte (wie die Marshallplan-Hilfe, Berlinförderung, Steuervergünstigungen) haben ihre Wirkung nicht verfehlt.

Das West-Berliner Nachtleben

Der Produktionsindex der West-Berliner Industrie stieg zwischen 1950 und 1960 von 32 auf 153, die Zahl der Beschäftigten hat sich innerhalb dieser zehn Jahre von 148.000 auf 315.000 mehr als verdoppelt. Und allein in der Zeit von 1958 bis 1960 konnte der Einzelhandel West-Berlins eine Umsatzsteigerung von einer halben Milliarde DM (auf insgesamt 4,6 Milliarden DM) verzeichnen.

Die Löhne werden gern auch fürs reine Vergnügen ausgegeben. Rund um die Uhr locken über 4000 Kneipen, Tanzlokale und Restaurants. Die überall anderswo geltende Sperrstunde ist in West-Berlin aufgehoben worden. Abseits des Miefs ihrer aus den Trümmern völkischen Größenwahns der Nazi-Zeit zu neuem obskuren Selbstbewußtsein erigierten Eltern entwi-

Geschäumte Träume: Wettbewerberinnen der "Miss Germany" Wahl 1963

ckelte sich die Jugend. Aus Plastik-Kofferradios und chromglitzernden Musikboxen hören die jungen Rebellen, worauf es den meisten von ihnen wirklich ankommt: "Rock around the clock". Ein Lebensgefühl. Die weniger Aufsässigen träumen von Marcello Mastroianni und Italiens Sonnenküsten, schwärmen von Alain Delon und Paris, ...oder eben von der übergeschwappten Oberweite aus Pennsylvania ...

Von der Vielfalt unterhaltsamer Freiheiten dürfen die Menschen aus dem sowjetisch besetzten Teil Deutschlands sich in West-Berlin noch mit eigenen Augen ein Bild machen. Ungehindert überschreiten sie die Grenzmarkierungen in beide Richtungen, drücken sich an verführerischen Schaufensterscheiben die Nasen platt, finden aber endlos neue Gründe für ihre Ausflüge "nach drüben". Weil sie Verwandte oder Freunde besuchen, sich zu einem Rendezvous treffen oder sich einfach nur mal wieder richtig amüsieren wollen, zum Beispiel.

Sie kommen aber auch, weil West-Berlin eine Menge anbietet, um sie an den Vorzügen des amerikanisierten Wertesystems fast kostenlos teilhaben

zu lassen. Staatlich gefördert wird insbesondere ihr Besuch kultureller Veranstaltungen. Die "armen Verwandten" können in West-Berlin Eintrittskarten für Theater-, Oper-, Filmvorführungen und Konzerte zum Kurs 1./.1 mit der im Westen fast wertlosen Ostmark bezahlen. 1960 wurden zu solch mitreißenden Konditionen mehr als 10 Millionen subventionierte Kino–karten an Ost-Berliner und Bürger der übrigen DDR verkauft. Amerikanische, französische und italienische Filme sind am beliebtesten.
Und fast ein Viertel aller Museumsbesucher in West-Berlin kommen aus dem Ostsektor und der DDR. Die West-Berliner "Freie Volks–bühne" hat sogar 25.000 Mitglieder, die "drüben" wohnen. Und an der "Freien Universität Berlin" und anderen Hoch- und Fachschulen West-Berlins kommt fast jeder Fünfte aller Studenten täglich aus dem "Osten" angefahren. Das ist die "Normalität". Im Westen nichts Neues – im Osten immer dasselbe: ungeschickte Hetzparolen, mit denen die DDR-Machthaber ihre Bevölkerung zusammen zu halten versuchen. Kein westdeutscher Politiker und auch kaum einer der vielen tausend täglichen Pendler zwischen den so unterschiedlichen Welten ahnt, daß sie alle miteinander, in Ost oder West, schon in wenigen Monaten, und innerhalb nur einer Nacht, für fast 30 blutige Jahre, einem gigantischen Verbrechen zum Opfer fallen werden.

Alle Jahre wieder: Ganz Berlin im Fieber der "Internationalen Filmfestspiele"

...im Ostteil fremdgesteuerte Armut

... geisterhafte Trostlosigkeit

Die sich 1961 unter Staatsführung von **Walter Ulbricht** verschärfende Versorgung der DDR-Bevölkerung hatte viele Gründe. Der entscheidende war: Im Gegensatz zu Westdeutschland (und der von Amerikanern, Engländern und Franzosen inmitten des Staatsgebiets der Besatzungszone der Sowjets gehaltenen "Insel" West-Berlin) haben die Sowjets die Wirtschaft in ihrem Machtbereich nicht gestärkt, sondern auf weiten Gebieten ausgeplündert.

Die Augen der Armut...

Vom Westdeutschen Wirtschaftswunder nur geträumt: Ostberliner in einer ihrer typischen Straßen

Während 1946 die Westalliierten – insbesondere die Amerikaner - in Westdeutschland und West-Berlin mit ihren großzügig finanzierten Aufbauprogrammen die Voraussetzungen für das in den 50er Jahren dann startende "Deutsche Wirtschaftswunder" schufen, begannen die Sowjets am 21.Oktober 1946 in Ostdeutschland und Ost-Berlin noch intakte Industrieanlagen abzubauen und die zugehörigen Spezialisten – samt ihrer Familien – zwangsweise in die Sowjetunion zu deportieren. Ohne daß Ulbricht, der 1945 im Kreise weiterer Altkommunisten aus Moskau, wohin er und seinesgleichen emigriert waren, nach Berlin kam, sich dagegen zur Wehr setzten, wurden gut 10.000 Wissenschaftler, Ingenieure, Techniker und Facharbeiter in die Sowjetunion "verschleppt".

Bis Anfang der 50er Jahre haben diese Spezialisten ihr Wissen und Können notgedrungen also in den Aufbau der Sowjetunion investiert. Die Armut in der DDR war folglich fremdgesteuert, der neue Wohlstand im Westen Deutschlands ebenso. Eine Chancengleichheit, ja, ein wirklicher Wettbewerb, kam nie zustande.

Drohende Vorzeichen verschlafen?

Noch wenige Tage vor dem Mega-Gau der Deutschen Nachkriegsgeschichte herrschte Ahnungslosigkeit auf der "Insel". Und nicht nur dort, auch in Westdeutschland, anscheinend. Hatten selbst die Geheimdienste der West-Alliierten keine Ahnung von der unmittelbar bevorstehenden Katastrophe?

Warnschild auf der Westseite

Beim West-Berliner Amt für Verfassungsschutz ging es noch unmittelbar vor dem ganz Europa erschütternden Ereignis recht gemütlich zu.

Am 11. August 1961 gab das Amt an die Polizeibehörde und die ihm verbundenen Dienste der Amerikaner, Engländer und Franzosen eine "Schlafpille" heraus. Nach den ihnen vorliegenden Informationen, so lautete die Meldung, seien an diesem Wochenende *"keine besonderen Ereignisse zu erwarten"*.
Diese Einschätzung der für gewöhnlich bestinformierten Agentenzentrale irritiert im nachhinein schon deswegen, weil der Strom der DDR-Flüchtlinge einen neuen Höhepunkt erreicht hatte: 2.662 Menschen allein an den beiden letzten Tagen. Woraufhin West-Berliner Zeitungen Alarm mit

der Schlagzeile "SED will Fluchtwege versperren" auszulösen versuchten. Die aufgewecktesten West-Köpfe hätten also schon befürchten müssen, daß die Machthaber der DDR kaum noch eine andere Möglichkeit haben als sich sofort nach West-Berlin und Westdeutschland hin abzuschotten. Um das restliche Ausbluten ihres Staatsleibes zu verhindern, würden sie nun monströse Mittel und Methoden einsetzen müssen. Die barbarische Spaltung des ganzen Lebens in Deutschland durch ein unüberwindliches Stahl- oder Mauerwerk, was sonst! Ein "Milleniumwerk", ...vielleicht!
Seit Gründung der DDR - 1949 - haben über zweieinhalb Millionen ihrer Bürger dem Staat den Rücken gekehrt. Allein 199.188 Menschen waren es 1960.
Die kommunistischen Machthaber verbreiteten, daß das Leben im Westen unsozial sei und es dort keinem Flüchtling besser gehen würde. Alle, die West-Berlin oder eine der westdeutschen Großstädte besucht haben,

West-Berliner Notaufnahmelager waren überfüllt - wie hier in Marienfelde

durchschauten diese Propaganda-Parolen natürlich. Die regimetreue DDR-Presse berichtete, viele Flüchtlinge seien schon reumütig zurückgekehrt. Nur hat niemand auch nur einen der angeblichen "Heimkehrer" je zu sehen bekommen. Auch die Verkündung, in Westdeutschland schreiten die Nazis wieder zur Macht, schreckte nicht ab. Es mochte ja durchaus etwas dran sein, an solchen Behauptungen, doch es war schon nicht mehr wichtig, ob man das glaubt oder nicht. Auch ein neuer Hitler im Westen hätte die wenigsten der Fluchtwilligen zu der Einsicht gebracht, daß das DDR-Leben das kleinere Übel sei. Desillusioniert sind sie von der kommunistischen Idee, die sich als weltfremdes Phantom entpuppte. Für die Wasser predigenden, aber Wein saufenden Funktionäre empfinden sie nur Verachtung, und hohle Phrasen quittieren sie mit heimlichem Spott. "Haben ihre Schnauze" gestrichen voll von den Lügen, die täglich über sie ausgeschüttet werden. Und so sind sie wild entschlossen, sich nicht davon abbringen zu lassen, sich einzubilden, daß es ihnen schlimmer, als in der DDR, nirgendwo ergehen würde.

Warnschild auf der Ostseite

Schon am 15. Juli 1961 hätte der Westen aufhorchen müssen. Nikita Chruschtschow hatte John F. Kennedy kurz zuvor bei einem Zusammentreffen in Wien klargemacht, daß die Amerikaner, Engländer und Franzosen als Besatzungsmächte keinerlei Rechte mehr in Berlin haben. Und am selben Tage belog auf einer Pressekonferenz der Staatsratsvorsitzende der DDR, Walter Ulbricht, die Welt mit den berühmt gewordenen Worten: "Niemand hat die Absicht eine Mauer zu errichten." Rhetorische Verrenkungen, die die steigende Verunsicherung der DDR-Bürger noch beschleunigten. Die Gerüchteküche brodelte. Das Regime war nie müde geworden, für seine sich zusehends verschärfende Wirtschaftslage und die wachsende Unzufriedenheit ihrer arbeitenden Bevölkerung gebetsmühlenartig "West-Agenten" verantwortlich zu machen. "Saboteure des kapitalistischen Feindes" seien am Werk, hieß es. Aber schon nur noch oberflächlich kitteten derlei Beschwörungsformeln das zerbröselnde Vertrauen der Bürger.

Anfang August 1961 steigt die Nervosität der Ost-Berliner bis ins Unerträgliche. Immer mehr spüren es auf ihrer Haut: es wird etwas Unerhörtes, nie Gesehenes, kaum Vorstellbares geschehen, etwas, das ihre bisherigen Erfahrungen und alle Befürchtungen in den Schatten stellt. Nur buchstabieren kann es noch keiner, dieses nie bisher Dagewesene...

Proletarier aller Länder, vereinigt euch!

NEUES DEUTSCHLAND

ORGAN DES ZENTRALKOMITEES DER SOZIALISTISCHEN EINHEITSPARTEI DEUTSCHLANDS

16. Jahrgang / Nr. 164 — Berlin, Freitag, 16. Juni 1961

„Ich verstehe Ihre Frage so, daß es in Westdeutschland Menschen gibt, die wünschen, daß wir die Bauarbeiter der Hauptstadt der DDR dazu mobilisieren, eine Mauer aufzurichten. Mir ist nicht bekannt, daß eine solche Absicht besteht. Die Bauarbeiter unserer Hauptstadt beschäftigen sich hauptsächlich mit Wohnungsbau, und ihre Arbeitskraft wird dafür voll eingesetzt.

Niemand hat die Absicht, eine Mauer zu errichten!"

Ulbricht am 15. Juni 1961

auf einer internationalen Pressekonferenz in Ostberlin

Tag X – Stunde Null

Am Sonntag, dem 13. August 1961 um 0.30 Uhr schlägt die Stunde der Barbaren. Von nun an beginnt eine andere, von Angst und Schrecken, Folter und sinnlosem Morden beherrschte Zeitrechnung. Die der Opfer ohne Hoffnung und die der Täter ohne Reue.
Berlin liegt im tiefen Schlaf. Fast unbemerkt bewegen sich in der Straße "Unter den Linden" sowjetische Panzer und Soldaten der Nationalen Volksarmee – der NVA – in Stellung.

Auch das Brandenburger Tor wird zur Todesgrenze

Der Grenzabschnitt Brandenburger Tor von Westberlin aus der Luft fotografiert

Um 1.11 Uhr auf der Seite des sowjetisch besetzten Sektors, nahe der Grenzlinie, bemerken Spätheimkehrer im Dunkel der Häuserschluchten eine gespenstische Hektik. In diesen Minuten verbreitet die DDR-Nachrichtenagentur ADN eine Erklärung der Staaten des Warschauer Paktes. Darin heißt es, daß ab sofort eine "verläßliche Bewachung und wirksame Kontrolle" der Grenzen um Westberlin herum empfohlen wird.

Punkt 1.54 Uhr geht beim `Kommissar vom Dienst` im West-Berliner Polizeipräsidium die Nachricht ein, auf dem im französischen Sektor grenznahen S-Bahnhof Gesundbrunnen sei jeglicher Zugverkehr und damit die Ost- und Westberlin durchfahrende `Ringbahn` eingestellt worden.

Um 2.30 Uhr versperren sowjetische Panzer und Soldaten der NVA die Durchfahrt durch das Brandenburger Tor. Aber nicht nur hier. Gleichzeitig werden an vielen Stellen der Grenzlinie Sperren errichtet und die schweren T-34-Panzer der Sowjets postieren sich auf dem Alexanderplatz und anderen zentralen Plätzen Ost-Berlins.

Schwerbewaffnete Grenzschützer in Panzerwagen

4. Tag X

Im ersten Tageslicht – kurz vor 4.00 Uhr – sind bereits an der gesamten Länge der Sektorengrenze Hindernisse aufgebaut. Noch scheint alles nach provisorischen Absperrungen auszusehen, die schon bald wieder beseitigt werden könnten. Straßen sind aufgerissen und durch Betonpfähle, Stacheldrahtverhaue und spanische Reiter blockiert.
Immer mehr Ost-Berliner, die nahe der Grenzlinie wohnen, treten aus ihren Häusern, beobachten, wie endlose Kolonnen von Schützenpanzern der kasernierten Volkspolizei in Richtung Grenze rollen, wo die Soldaten der NVA nun Schulter an Schulter mit Einheiten der Betriebskampfgruppen, der kommunistischen Neuschöpfung des Hitler-Deutschen "Volkssturms", aufmarschieren.

Junge Familien brutal auseinandergerissen...

Im Westteil Berlins trafen die ersten Meldungen über die Absperrungen erst kurz nach 2.00 Uhr ein. Sofort wurde die Polizei in Alarmbereitschaft versetzt. Der Regierende Bürgermeister West-Berlins, Willi Brandt, befand sich währenddessen in einem Sonderwagen der Bundesbahn, den das Planungsbüro seiner Partei, der SPD, an den fahrplanmäßigen Schnellzug Nürnberg-Kiel hatte anhängen lassen. Soeben wurde Brandt mit den sich überstürzenden Nachrichten aus Berlin aus

Herzzerreissende Szenen am trennenden Stacheldraht...

dem Schlaf gerissen. Er bricht seine Reise ab, verläßt in Hannover den Zug und besteigt das erste erreichbare Flugzeug nach Berlin.

Gegen 6.00 Uhr ist in West-Berlin den aufgeschreckten Senatspoltikern und allen anderen Beobachtern klar, daß die DDR dabei ist, West-Berlin einzuschließen. Mit Ausnahme der Transitwege nach Westdeutschland waren alle 95 nach West-Berlin führenden Straßen versperrt worden. Lediglich 13 Übergänge blieben frei, standen jedoch unter strenger Bewachung. Kein Ost-Berliner durfte hindurch, es sei denn, er hatte eine der sehr wenigen Sondererlaubnisse. Gleichzeitig wurde auch die "Grüne Grenze" zwischen der DDR und der Bundesrepublik mit Sperranlagen "dicht" gemacht. Nach den ersten Protesten auf Seiten der West-Berliner Bevölkerung an diesem frühen Morgen wurden die Baumaßnahmen zur endgültigen Spaltung Deutschlands beschleunigt.

Um 8.55 Uhr landet Brandt auf dem Flughafen Tempelhof. Mit überhöhter Geschwindigkeit läßt er sich zum Brandenburger Tor chauffieren. Entsetzt starrt er auf das, was er nicht glauben kann, und dennoch Wirklichkeit ist. Mit versteinertem Gesicht rast er ins Rathaus Schöneberg, beruft sofort eine Sondersitzung des Senats ein. **Es ist jetzt 9.30 Uhr.**

Alle Bahnverbindungen von Ost nach West sind abgesperrt...

Fassungslose Berliner auf den Barrikaden

Unterdrückt und eingemauert - Fenster nach Westberlin werden dichtgemacht

In Bonn, am Regierungssitz Westdeutschlands, hatte auch Bundeskanzler Konrad Adenauer, Vorsitzender der CDU, nicht durchschlafen können. Er war ebenfalls mit der Hiobsbotschaft geweckt worden, blieb aber bis zum Morgen im Bett. Noch einmal einschlafen konnte er nicht, er machte sich allerdings andere Sorgen als sein politischer Gegenspieler aus der SPD.

Die ersten TV-Bilder dieses barbarischen Aktes der Spaltung flimmerten in die Wohnstuben. Nie zuvor hat eine Nation auf dem Bildschirm zuschauen können, wie für die gesamte Bevölkerung das Kreuz zurecht gezimmert wurde.

In Westdeutschland tobt der Wahlkampf, Adenauers Partei muß sich gegen die "Sozis", die Sozialdemokraten, deren Vorsitzender Willi Brandt, Berlins Regierender Bürgermeister, ist, durchsetzen. Die Notwendigkeit, daß er mit einem Blitzbesuch in Berlin Trost und Zuversicht spendet, sieht Adenauer nicht. Er will an diesem Sonntag, dem 13. August, an Plätzen auftreten, wo er Wählerstimmen einfangen kann. Als Christdemokrat der ersten Stunde keinesfalls also in Berlin, der Hochburg der "Sozis".
Und so wurde dieser gespenstische Wahlkampf also weitergeführt, in Tagen, Stunden, Augenblicken, in denen die Parteien mit einer Stimme hätten reden müssen, anstatt sich zu bekämpfen.

Die Absage Adenauers war für Willi Brandt die erste Enttäuschung an diesem schicksalhaften Tag. Er hatte gehofft, daß alle Menschen der freien Welt in diesen entscheidenden Stunden ihr parteipolitisches Scheuklappendenken sausen lassen, um sich der nähernden Katastrophe gemeinsam entgegen zu stemmen. Nun schaute Brandt sich überall um, wo er eine Chance vermutete, Freunde Berlins zu finden, die bereit sind, notfalls auch bis zum äußersten zu gehen.

Mittlerweile ist es 12.40 Uhr. Empörte West-Berliner, die sich an der Grenze im Bezirk Tiergarten versammelt hatten, beginnen die Stacheldrahtsperren einzureißen. Die ihnen auf der anderen Seite gegenüber stehende Volkspolizei läßt Verstärkung mit aufgepflanztem Bajonett aufmarschieren.

Um 13.55 Uhr wird ein aus dem Ostsektor zur Grenze hin fliehender Mann von drei Volkspolizisten überwältigt, doch es gelingt ihm, einem seiner Bezwinger den Karabiner zu entreißen, sich aufzurappeln und weiter zu fliehen. Er

erreicht West-Berliner Gebiet, glaubt in Sicherheit zu sein, doch seine Verfolger springen ebenfalls über die Grenze. holen ihn ein, und schlagen ihn nieder, Zu Dritt schleppen sie ihn zurück. Kurz darauf wird er in ein Fahrzeug gestoßen und abtransportiert.
Die drohende Spaltung vor Augen, ergriffen an diesem ersten Tag schätzungsweise mehr als eintausend Ost-Berliner die Flucht. Nicht schnell genug hatte die DDR die letzten Schlupflöcher schließen können.

...die letzten Schlupflöcher werden von "DDR-Grenzern geschlossen

Gegen 14.00 Uhr gelingt es vier Männern und drei Frauen West-Berlin schwimmend über den Teltow-Kanal zu erreichen. Unweit von dieser Stelle durchschwamm zur selben Zeit ein Vater mit seinem dreijährigen Sohn auf dem Rücken den Kanal. Beide erreichten ebenfalls das rettende Westufer.

Der Demonstrationszug auf der Straße des 17. Juni...

Provokationen mit Tränengas-bomben und Rauchkerzen...

An der Bernauer/Ecke Ackerstraße im Wedding durchbricht ein Personenkraftwagen die noch provisorische Sperre. Am Bethaniendamm gelingt einer 16-köpfigen Gruppe die Flucht. Andere entkommen durch die Kanalisation und über Kohlenhalden.
Am Nachmittag versammeln sich entlang der Grenze tausende von West-Berlinern, um den Volkspolizisten ihre überschäumende Wut entgegen zu schleudern. Und aus allen an der Sektorengrenze gelegenen Stadtgebieten kommen stündlich Nachrichten über weitere geglückte Fluchten, doch es häufen sich auch schon dramatische Berichte über gescheiterte Fluchtversuche.

Um 16.01 Uhr versuchen West-Berliner die Stacheldrahtsperre an der Swinemünder Straße im Wedding zu beseitigen. Die Volkspolizei bringt ihre Maschinengewehre in Stellung. Die aufgebrachte Menschenmenge schreit sich ihre Hilflosigkeit aus dem Leib. Die Vopos nehmen sie ins Visier und haben ihre Finger am Abzug.

Kurz vor 20.00 Uhr setzen Volkspolizisten Tränengas und Rauchkerzen gegen die West-Berliner ein. Die revanchieren sich mit Pflastersteinen. An einigen Grenzstellen schaffen es noch immer einige Ost-Berliner, in die Freiheit zu entkommen.

Um 21.00 Uhr unternimmt die West-Berliner Polizei ihre erste entscheidende Aktion dieses Tages: sie sprengt einen Demonstrationszug auf der Straße des 17.Juni. Das Demonstrieren gegen die Spaltung Berlins paßt den West-Berliner Ordnungsbehörden offensichtlich nicht. Sie wollen Ruhe, auch wenn's schon die Grabesruhe ist.

Wenige Sekunden nach Mitternacht meldet die Polizeidirektion West starken Fahrzeugverkehr am Brandenburger Tor. Die Sowjets verstärken ihre Wache vor dem - im Westsektor auf der Straße des 17.Juni gelegenen - Sowjet-Ehrendenkmal.

Überall in Berlin schleicht die Angst durch die Nacht...

Verzweifelte Bewohner eines an der Grenze gelegenen Hauses fliehen auf die zu Westberlin gehörende Straßenseite

Willi Brandts aussichtsloser Kampf

Während überall in der Stadt sich die Tragödie der gewaltvollen Spaltung des Lebens aller, bis in jede Wohnstube ausbreitete, spielten sich auf dem politischen Parkett Berlins andere Grausamkeiten ab. Willi Brandt, neben dem verstorbenen Ernst Reuter beliebtester Bürgermeister der Berliner, wird von weiteren Enttäuschungen überwältigt.
Brandt sucht die alliierten Kommandanten von West-Berlin auf. Die treten ihm betont kühl entgegen. Er ist um Fassung bemüht "*Was heute geschehen ist, ist ein Rechtsbruch bestehender Viermächteabkommen über den freien Verkehr in ganz Berlin*", trägt er vor. "*Die Sowjetunion hat Berlin gespalten! Und die Warschauer-Pakt-Staaten haben sich mit diesem Akt solidarisch erklärt*". Jetzt müssen die alliierten Westmächte handeln, verlangt er.
Die Stadtkommandanten schweigen sich aus, bleiben gegenüber Brandt zurückhaltend. Sie sind (wie später an die Öffentlichkeit durchsickern wird) nicht einmal davon überzeugt, daß die Erregung Brandts von der Berliner Bevölkerung überhaupt verstanden werden würde. Der Gedanke, die ihnen übergeordneten Stellen in Washington, London und Paris sofort alarmieren zu müssen, behagt ihnen nicht.

"... in Washington noch Schlafenszeit!"

Heute ist Sonntag, und außerdem in Washington noch Schlafenszeit. Dieser Brandt mit seiner Respektlosigkeit zerrt an ihren Nerven. Er wagt sogar, sie anzuschreien. In englischer Sprache, die sie am besten beherrschen. Wie ungeheuer unmanierlich... Brandt spürt ihre wachsende Ablehnung und ist tief erschüttert (obwohl er da noch nicht wissen konnte, daß alles sehr bald noch viel schlimmer wird, - daß die Westmächte auch in Zukunft nichts unternehmen und die Sowjets die Teilung der Stadt und Spaltung Deutschlands in rasender Geschwindigkeit unüberwindbar machen werden).

Am 16. August titelt die in West-Berlin erscheinende "BILD"-Zeitung: **"Der Westen tut nichts!"**. Schreit heraus, was ganz Berlin in diesen Tagen aufwühlt. Und Willi Brandt entschließt sich zu einem ganz undiplomatischen Schritt: Mit einem Telegramm fordert er den amerikanischen Präsidenten John F .Kennedy persönlich zum Handeln auf: "1. Untätigkeit und reine Defensive könnten eine Vertrauenskrise zu den Westmächten hervorrufen. 2. Untätigkeit und reine Defensive könnten zu übersteigertem Selbstbewußtsein des Ost-Berliner Regimes führen (...)"

17 August 1961 — Berliner Zeitung — Seite 3

Mittwoch, 16. August 1961 · 15 Pf

19. Jahr · Nr. 187 · Druck in Berlin C 2106 A

Bild

ZEITUNG

UNABHÄNGIG · ÜBERPARTEILICH

Berliner Illustrierte

Nachtausgabe

Der Osten handelt – was tut der Westen?

...denn Zigarren raucht der Mann

Der Westen tut NICHTS!

Enttäuscht

Der Osten hat gehandelt. Der Osten handelt noch.

US-Präsident Kennedy schweigt...

Macmillan geht auf die Jagd...

...und Adenauer schimpft auf Brandt

Lesen Sie die Berichte auf den Seiten 2, 3, 4 und

„BZ"-Kommentar

Die Kriegstreiber isolieren sich

„Enttäuscht. – Der Osten hat gehandelt. Der Osten handelt noch." So beginnt das Massenblatt des Springer-Konzerns sein Klagelied. „Wir sind enttäuscht." So endet es an dieser Stelle jener Seite 1.

Enttäuscht und ungeheuer wütend zugleich sind die Kriegstreiber. Worüber? Darüber, daß ihr Westberlin-Programm gescheitert ist. Der „politische Lebenszweck" Westberlins sei verlorengegangen, schreibt die bürgerliche „Stuttgarter Zeitung" völlig einleuchtend.

Dieser „Lebenszweck", der nichts – aber auch gar nichts – mit den Interessen der friedlichen Westberliner zu tun hatte, bestand darin, Störzentrum gegen die DDR, gegen das ganze sozialistische Lager zu sein. Das haben Brandt und Konsorten oft genug deutlich gesagt. Das wollten sie in diesen Wochen auf die Spitze treiben.

Nun ist es aus mit der Menschenfängerei, mit dem Kinderraub, mit der Vergiftung unserer Jugend in den Grenzkinos, mit der 1:4-Korruption und was noch alles zum Frontstadt-Lebenszweck gehörte. Die DDR hat auf Empfehlung ihrer Partner des Warschauer Vertrages das Störzentrum dicht gemacht. Klappe zu – Affe dot, so sagt der Berliner. Herr B r a n d t, Sie sind damit gemeint!

Und was sich Herr Brandt als Antwort auf unsere Schutzmaßnahmen wünscht, den Gipfel der Scharfmacherei nämlich, das kommt nicht zustande. Es kommt nicht zustande, weil die Berechtigung unserer Vorkehrungen bei allen klardenkenden Politikern im Ausland erkannt worden ist; weil die Stärke des sozialistischen Lagers, das hinter unseren Maßnahmen steht, offenbar erkannt wird.

Und Brandts Scharfmacher-Forderungen verhallen, weil kein Engländer, kein Franzose und Italiener, kein Amerikaner oder Kanadier für eine Handvoll Westberliner Militaristen die Kastanien aus dem Feuer holen will. Millionen Menschen aus allen Klassen und Schichten auch der imperialistischen Staaten, vor allem aber die Arbeiterklasse dort, verstehen und billigen unser Vorgehen gegen die Friedensstörer.

Sehen Sie sich die drei Köpfe an, die „Bild" zeigt, und die letzten Zeilen dazu – dann können Sie sich denken, w i e die Kriegstreiber enttäuscht sind und w a r u m. Sogar von denen, die sie (fälschlich oder zu recht) für die eigenen Leute halten, isoliert zu sein, ist eine harte Nuß. Wohl darum hat „Bild" um seine Seite einen Stacheldraht montiert. Der paßt ganz gut ...

Maßlos enttäuscht schließlich sind jene Scharfmacher, weil die große Mehrheit unserer Bevölkerung hinter der Partei der Arbeiterklasse, hinter der Regierung der Deutschen Demokratischen Republik und ihren Maßnahmen steht, ja sie aktiv unterstützt.

Bleibt noch zu sagen: Eine solche Enttäuschung für die Militaristen ist uns ein Hochgenuß. Das Zeitalter des Sozialismus ist seit vielen Jahrzehnten voll von dergleichen Enttäuschungen und Schlägen gegen die imperialistischen Scharfmacher. Daß sie sich hiermit nicht abfinden wollen, ist ihre Sache. Daß sie sich damit abfinden müssen und immer neue Enttäuschungen erleben, ist u n s e r e Sache.

Dr. A.

Liebe Leser DER Berliner Zeitung

Wir erlauben uns, Ihnen hier in Originalgröße die gestrige Seite 1 der „Bild"-Zeitung zu präsentieren. Sie erscheint in Hamburg und Westberlin.

Platzverschwendung – werden Sie vielleicht sagen. Nun ja, wir haben einige Manuskripte zurückgestellt, die uns sehr am Herzen liegen.

Beispielsweise aus der Fülle der Zustimmungserklärungen, der Berichte von guten Taten, mit denen die Werktätigen unserer Republik auf die Schutzmaßnahmen ihrer Regierung antworten.

Diese Dokumente eines weiteren Schrittes in die neue Zeit, der Schritte zu einem sauberen Berlin, des Wachstums unserer Menschen haben wir sehr ungern zurückgestellt.

Aber wir meinen, daß diese Seite 1 aus „Bild" für manche unserer Bürger, die noch nicht ganz mit der Zeit gewachsen sind, interessant sein könnte.

Besonders denken wir an einige Grenzgänger, die bisher dergleichen Zeitungen zu lesen und sogar mitzubringen pflegten. Diese Bürger unseres Staates haben nun keine Gelegenheit mehr dazu. Wir verschaffen sie ihnen heute.

Es könnte nämlich sein, daß diese Bürger zur Zeit noch geneigt sind, „ihrer" bisherigen Zeitung mehr Glauben zu schenken als unseren Argumenten. Mögen sie also lesen, wie „Bild" die Lage einschätzt.

Da unsere alten Leser eine Bemerkung zu dieser nicht alltäglichen Seite 1 eines Westblättchens erwarten dürften und unsere neuen Leser vielleicht das Bedürfnis haben, nun umzudenken, empfehlen wir den gegenüberstehenden BZ-Kommentar.

5. Willi Brandt

Am Nachmittag desselben Tages versammeln sich vor seinem Amtssitz, dem Schöneberger Rathaus, mehr als eine halbe Million West-Berliner. Er steht, während er seine berühmt gewordene Rede hält, unter freiem Himmel auf dem Balkon.

Berlins Regierender Bürgermeister Willi Brandt auf der größten Kundgebung gegen den Mauerbau

Vielleicht dachte er in den Minuten davor an den legendären Aufruf, mit dem am 9. September 1948 der unvergessene Ernst Reuter an die freie Welt appellierte, nachdem West-Berlin, von den Sowjets abgeschnürt, zu verhungern und zu erfrieren drohte: "*....Völker dieser Welt, ihr Völker in Amerika, in England, in Frankeich, in Italien! Schaut auf diese Stadt und erkennt, daß ihr diese Stadt und dieses Volk nicht preisgeben dürft und preisgeben könnt!*"

Heute, fast 13 Jahre nach Reuters flammenden Appell muß er nun der freien Welt zurufen, muß er nun den Berlinern Mut zusprechen, sie auffordern, durchzuhalten, wo sie in ihrer Mitte doch zerrissen werden; wo sie doch nur zur Hälfte so verzweifelt und wütend vor ihm stehen. Nichtmal die Schlagzeilen der West-Berliner Zeitungen kann er dementieren, sie vermuteten zu Recht, daß die starken Amerikaner in einem unerklärlichen Anfall von Schwäche das schreiende Unrecht wohl hinnehmen werden. Er mußte den Menschen Hoffnung geben, doch nicht zuviel. Ihre Seele kochte. Sie sollten nicht an die Sektorengrenzen stürmen, die Verhaue niederreißen, auf daß sich die Sowjetpanzer in Bewegung setzen, auf daß sie schließlich noch das wenige, was von ihnen nach der Spaltung ihrer Stadt, ihrer Familien, ihrer Liebsten und Freunde verblieben war, verlieren. Brandt's leidenschaftliche Rede an die Menschenmasse, die den Platz vor dem Rathaus und alle Zufahrtsstraßen füllte, war die aussichtsloseste, die er je hielt, jemals noch halten könnte. Seine engsten Mitarbeiter berichten anschließend, er sei bis auf die Haut durchnäßt gewesen, und er habe an Händen und Knien gezittert.

Rathaus Schöneberg

An ihren Radiogeräten hörten ihm auch unzählige Ost-Berliner zu. Ebenso wie die West-Berliner saßen auch sie in der Falle – jeder auf seiner Seite in derselben Falle. Nur noch in die anderen Teile der DDR durften die Ost-Berliner sich bewegen – und eine beschränkte Reisemöglichkeit in die übrigen Gebiete der von Moskau dirigierten "Warschauer Pakt"- Staaten war ihnen geblieben. Und ebenso unüberwindbar und tödlich, wie die Grenze innerhalb Berlins, erwies sich der "Eiserne Vorhang", der West- von Osteuropa trennte. Daß die Strategen in Washington über Berlin nun ernsthafter nachzudenken beginnen, ist auch das Verdienst des Regierenden Bürgermeisters der "Insel". Den einfachen Bürgern Amerikas, jene, die in der Blockadezeit zum Überleben der Berliner mit ihren Spenden beigetragen hatten, war nun klar: wenn das Bollwerk West-Berlin, diese von Amerika den Sowjets abgetrotzte Insel im kommunistischen Meer, für die die USA eroberte Gebiete im östlichen Thüringen eingetauscht hatte, verloren geht, verliert diese stolze Nation mehr als "nur" den Respekt und die Sympathie der "Insulaner". Präsident Kennedy, wieder einmal gut

Die kochende Volksseele: Eine halbe Million West-Berliner demonstriert...

beraten, entschließt sich Flagge zu zeigen.
Mit zwei Aktionen von publikumswirksamer Symbolkraft sichert er sich einen bleibenden Platz im Herzen der Berliner. Als erstes schickt er über die Autobahn von Helmstedt durch DDR-Gebiet 1500 GI's nach West-Berlin, die die dort stationierte Garnison effektvoll verstärken sollen.

US-Wachsoldat vor dem Gebäude des Allierten Kontrollrates

Am 18. August erscheint in der führenden Wochenzeitung "DIE ZEIT" ein erster Artikel der großen Dame der deutschen Publizistik – unter der Überschrift "Quittung für den langen Schlaf" schrieb Marion Gräfin Dönhoff:
"Hätten die Alliierten den Bau der Berliner Mauer verhindern können? (...) Seit Monaten hat Chruschtschow angekündigt, daß er den Viermächte-Status außer Kraft setzen werde, und jetzt, nachdem er es getan hat, fangen die westlichen Alliierten an zu beraten, wie man diesen Rechtsbruch beantworten soll. Offenbar sind sie ganz verloren, wenn der Gegner nicht alles genauso macht, wie sie sich das vorgestellt haben. (...) Was da am 13. August in Berlin geschehen ist, das ist ein Markstein in der Nachkriegsgeschichte. (...) Etwas entscheidendes hat sich geändert. (...) Wir sind dem Abgrund ein gut Stück nähergerückt."

Am 19. August landet Kennedys Vizepräsident Lyndon B. Johnson auf dem West-Berliner Flugplatz Tempelhof. Stürmisch begrüßt von zehntausenden von Menschen, die auf seinem Weg durch die drei Westsektoren der Stadt alle Straßen säumen.

Während dieser Tage wächst in Ost-Berlin die Hilflosigkeit. Viele resignieren schon, fragen sich, warum der Westen nicht sofort die UNO angerufen hatte. Selten noch gab es einen Fall, der so geeignet war für dieses Gremium, wie die Schande des Ulbricht-Staates.
Doch keine Macht der Welt gibt ihnen die Hoffnung zurück, jemals wieder in Freiheit leben zu können. Die hochtourige Propagandamaschine der SED spuckt pausenlos ihre Hetzparolen aus. Verbreitet nichts als schrille Jubelmeldungen und ölige Solidaritätsbekundungen. Das "Neue Deutschland", größte Ost-Berliner Tageszeitung, gibt vor, Werktätige der DDR und ihrer Hauptstadt mit folgendem Ausspruch zu zitieren:
„Wir können aufatmen – Wehe dem, der frech wird !"

Ein ungeschminktes Bild vermitteln Geheimberichte der SED-Kreisleitungen. Diese an Ulbricht weitergeleiteten (nach dem Fall der Mauer entdeckten) Dokumente führen den Machthabern sehr drastisch vor Augen, was das Volk über die als "antifaschistischen Schutzwall" schön geredete Mördermauer wirklich dachte.

Ein Informant vermerkte seine Beobachtung am Morgen des 13. August in der Wollankstraße im Bezirk Pankow mit den Worten.: "*So schrie eine Frau: 'Gehen wir doch in die Straßenmitte und machen einen gewaltsamen Durchbruch. Wir sind alles Deutsche, wir wollen rüber zu unseren Brüdern'. Andere Jugendliche brüllten zu den Volkspolizisten hinüber:: 'Eine Schande, daß ihr Euch dafür hergibt, die Grenze zu bewachen und uns nicht hinüber zu lassen! Ihr seid keine Deutschen!*"

Ankunft von Lyndon B. Johnson auf dem Flughafen Tempelhof

Die Ulbricht-Getreuen bleiben unbeeindruckt von den "Frontberichten" ihrer Spitzel. Sie lassen linientreue Provokateure von der Leine, die sich in die in den Straßen entstehenden Diskussionen einmischen und größere Menschenansammlungen zerstreuen sollen. **Aus einer für Walter Ulbricht gefertigten Aufstellung wurden bis Ende August '61 in Ost-Berlin unter dem Vorwurf, gegen die Grenzschließung protestiert zu haben, 2.192 Personen festgenommen und 691 Personen für längere Zeit ins Gefängnis gesperrt.**

Mit harter Hand und ohne Rücksicht auf verbürgte Menschenrechte gehen Stasi und Volkspolizei auch aufgrund bloßer Verdächtigungen vor, denn unzählige Denunzianten schwärzen ihre Nachbarn, Arbeitskollegen, ja sogar Familienangehörige an. Der Staat belauscht schon das Flüstern in Schlafzimmern, deren Wände nicht dick genug sind.

Lyndon B. Johnson von West-Berlinern bejubelt

Am 22. August, drei Tage nach dem Besuch des US-Vize-Präsidenten Lyndon B. Johnson erst, nimmt sich endlich auch Bundeskanzler Konrad Adenauer für einen Auftritt in West-Berlin Zeit. Die 'Insulaner' verfolgen seinen Besuch mit gemischten Gefühlen. Viele protestieren lautstark gegen die defensive Haltung der Regierung in Bonn, die meisten im Stillen. Fast alle aber empören sich über die geschwätzige Perspektivlosigkeit ihrer Politiker.

Menschen fliehen in Todesangst

Fliehende mit wenigen Habseligkeiten

Am 17. August flüchten Bewohner der auf der Ost-Seite der Bernauer Straße stehenden Häuser mit wenigen Habseligkeiten auf den ihnen gegenüberliegenden Bürgersteig im Westteil. Am 19. August früh morgens beginnen Volkspolizisten und Angehörige der Betriebskampfgruppen Haustüren und Kellerfenster der Schwedter und der Brunnenstraße zu verbarrikadieren. Die Vorderfronten der Häuser sind hier bereits die Grenzlinie zu West-Berlin. Aus einem der Fenster, die zugemauert werden sollen, versucht sich an diesem Tag ein 57jähriger Mann abzuseilen. Er verliert in Höhe des zweiten Stockwerks den Halt und erleidet beim Sturz auf das Kopfsteinpflaster schwere innere Verletzungen (an denen er am 17. September in einem West-Berliner Krankenhaus stirbt).

Verzweifelte versuchen aus den -Fenstern ihrer an der Grenze gelegenen Häusern in die Freiheit zu springen

21. August. Überstürzt müssen andere ihre Wohnungen räumen, da nun auch deren Fenster zugemauert werden sollen. Angesichts dessen stürzen sich Bewohner des noch nicht vermauerten Hauses Bernauer Straße 7 aus der vierten Etage in ein von der West-Berliner Polizei und einigen zur Hilfe herbeigeeilten Augenzeugen bereit gehaltenes Sprungtuch.

An der Grenze wohnende Ostberliner werden vom "DDR-Regime" zwangsgeräumt

Am 22. August springt in einem anderen Haus der Bernauer Straße die 59jährige Ida Sieckmann aus ihrem im dritten Stock gelegenen Küchenfenster in die Tiefe. Die dort bereit gelegte Matratze verfehlt sie. Hart schlägt ihr Schädel auf das Pflaster. Als die Rettungssanitäter sie abtransportieren, ist sie schon tot.

Vom 13. August bis Mitte September gelang mehr als 600 Ost-Berlinern die Flucht über die Sektorengrenze. Sie vermuteten zu Recht, daß es täglich schwieriger werden wird, die immer dichter verrammelte Grenze zu überwinden. Sie ahnten, daß bald schon fast jeder Fluchtversuch das Leben kosten kann.

Am 24. September will auch die 77jährige Frieda Schulze in die Freiheit springen. Sie wurde bei ihrer ersten Anstrengung auf den Fenstersims zu klettern beobachtet. Volkspolizisten treten die Wohnungstür ein, zusammen mit Männern der "Stasi" (der gefürchteten Staatssicherheit) versuchen sie, die Greisin in das Fenster zurück zu zerren. Zwischen Himmel und Abgrund hängt sie an der Hauswand. Keiner der vielen Menschen auf dem gegenüberliegenden, zu West-Berlin gehörenden Bürgersteig, kann ihr noch helfen. **Mehr als 2000 Bewohner müssen innerhalb der folgenden vier Tage von hier verschwinden.** Gehetzt und unter scharfer Beobachtung. Die schon am 19. August begonnene Vermauerung von Fenstern und Türen wird fortgesetzt und ist bald darauf beendet.

Am "Checkpoint Charlie" droht der 3. Weltkrieg

22. Oktober 1961 An diesem Abend beginnt eine viertägige Phase der Hochspannung – Berlin gleicht einem riesigen Pulverfaß, das bemüht ist, bei seinem immer rasanter werdenden Rutsch, an der schicksalhaft für sie vorgesehenen Lunte knapp vorbei zu schrammen. Seit dem 13. August ist Berlin täglich von neuen Hiobsbotschaften erschüttert – Krisen bahnten sich an und verschwanden nahezu spurlos, während schon die nächste auftauchte, die noch beängstigender aussah. In diesen Stunden, Tagen und Wochen vergleichen viele diese Stadt aber auch mit einer Lawine immer mehr anschwellender Probleme, die sich erst am Fuße des aus Hoffnungen und rationalem Denken bestehenden Berges auflösen wird – die gegenwärtige politische und gesellschaftliche Landschaft dabei radikal verändernd.

US-Panzer rollen in Kampfstellung am Checkpoint Charlie

15 Pf
A 2032 A

B.Z.

Nr. 197 · 85. Jahr / Berlin, Donnerstag, 24. Aug. 61

Vopos drohten Westberlinern an der Sektorengrenze

„Zurück – sonst knallt's!"

Berlin, 24. Aug. B.Z. – „Volkspolizisten" bedrohten gestern an mehreren Stellen der Sektorengrenze Westberliner Bürger und Polizisten: „Hundert Meter von der Grenze zurück, sonst knallt's!" riefen sie ihnen zu. Und das war die Antwort auf diese Drohung: Alliierte Truppen übernahmen gestern mittag den Schutz der Sektorengrenze. (Lesen Sie bitte unsere ausführlichen Berichte.)

Das ist die Antwort

EIN AMERIKANISCHER PANZER in der Friedrichstraße: Alliierte Truppen übernahmen gestern den Schutz der Sektorengrenzen — eine deutliche Antwort auf Ulbrichts neueste Anmaßung.

berlin-bild

WETTER: Wechselhaft ! 21 Grad

7. Checkpoint Charlie

Wie beide Weltkriege, und andere Dramen, so entstand heute, am Abend des 22. Oktober, auch dieses Drama inmitten einer ganz alltäglichen, in ihrer Banalität kaum zu unterbietenden Einzel-Situation: Der amerikanische Gesandte Allan Lightner wollte mit seiner Frau die Grenze am Checkpoint Charlie passieren, um im Ostsektor mal wieder in die Oper zu gehen.

Der Checkpoint Charlie ist der einzige Übergang, der den Alliierten vorbehalten ist. Entgegen dem von den Alliierten gemeinsam beschlossenen Reglement wird Lightner von einem Grenzsoldaten aufgefordert, seine Ausweispapiere herauszugeben. Lightner ist empört. Er weiß: das alliierte Personal aller vier Mächte darf sich in allen Sektoren der Stadt frei und unkontrolliert bewegen. Seine Weigerung, sich gegenüber dem DDR-Grenzer auszuweisen, war rechtens. Er verlangte einen sowjetischen Offizier zu sprechen. Der Grenzer weist die Bitte zurück. Es fehlte nicht viel, und das mittlerweile alarmierte US-Außenministerium hätte diese, zweifellos von den Sowjets befohlene, Neuregelung sogar akzeptiert. Dazu wäre es gekommen, hätte nicht General Clay (der 1948 die Blockade der Sowjets mit der von

Zwei Weltmächte belauern sich

ihm erzwungenen Luftbrücke beantwortet hatte) sofort Präsident Kennedy benachrichtigt. Wenn Amerika an dieser Stelle nachgibt, dann werden die Sowjets bald auch die Transitautobahnen beherrschen, betont Clay. Er vertritt seinen Standpunkt derart überzeugend, daß Kennedy seine Meinung übernimmt.

"DDR" Vopos zeigen sich unbeeindruckt

Am 25. Oktober 1961, gegen 8.30 Uhr fahren US-Schützenpanzer und Jeeps am Checkpoint Charlie auf. Besetzt mit feldmarschmäßig ausgerüsteten Elitesoldaten. Ein hoher amerikanischer Beamter geht zu Fuß an die Demarkationslinie und verhandelt mit dem ebenfalls dort hingetretenen hochrangigen Sowjetbeamten. Ohne sich auf ein Ergebnis stützen zu können gehen beide Männer wieder auseinander.

US-Schützenpanzer mit feldmarschmäßig ausgerüsteten Elitesoldaten

7. Checkpoint Charlie

Um 10.45 Uhr fahren zwei US-Beamte im Dienstwagen, begleitet von zwölf Soldaten mit schußbereiten Gewehren und aufgepflanztem Bajonett, bis an den Schlagbaum. Unbehindert stößt der Konvoi in den Sowjetsektor vor. Nach wenigen Metern im Feindesland stoppt er, wendet, und rollt zurück.

Atemlose Spannung herrscht am Checkpoint Charlie

Gegen 14.15 Uhr wird einem amerikanischen Bus, besetzt mit Soldaten und Zivilpersonal, das Durchfahren der Grenze verweigert. Wieder war das Vorzeigen von Ausweispapieren verlangt und abgelehnt worden. Inzwischen haben die Amerikaner zusätzlich einige schwere Panzer in der Friedrichstraße postiert.

Zerreißprobe mit erzwungener Durchfahrt

Die Sowjets reagieren auf diesen Aufmarsch, indem sie den US-Panzern 30 ihrer eigenen Tanks donnernd gegenüberstellen. Die Spannung steigt bis zur Zerreißprobe. Zum erstenmal - 16 Jahre nach der Kapitulation des Deutschen Reiches - stehen sich nun in der Friedrichstraße am Checkpoint Charlie die beiden Weltmächte und Alliierte im Zweiten Weltkrieg schußbereit als Feinde gegenüber.
Die bis dahin von den DDR-Machthabern und den Sowjets so oft betonte "Souveränität" der DDR platzte in diesen Stunden wie eine Seifenblase. Der Welt, die den Atem anhielt, wird klar, daß der "Arbeiter und Bauernstaat" an sowjetischen Drähten als Marionette baumelt.
Immer mehr Menschen in Deutschland und überall in der Welt äußerten ihre Angst, daß hier der Anstoß zum dritten Weltkrieg erfolgen könnte, mit dem die Menschheit wahrscheinlich dann in ihren ersten Atomkrieg schleudern würde.

...In Angst und Schrecken und Bitterkeit: Berliner am Checkpoint Charlie

Sie strömen aus allen Westbezirken herbei – in Angst und Schrecken und voller Bitterkeit. Das Unglaubliche müssen sie mit eigenen Augen sehen,

West-Berliner beobachten das Ringen um Krieg und Frieden angsterfüllt

um versuchen zu können, es zu verstehen. Und sie rufen ihren Beschützern aufmunternde Worte zu, dabei haben sie Aufmunterung selbst nötig. Sie teilen das wenige, das sie haben, - und sei es nur ihr bißchen Hoffnung...
Für alle Beobachter überraschend entspannt sich die Lage. Chruschtschow zieht seine Panzer ohne Kommentar zurück. Was hat den sowjetischen Machthaber zu diesem unerwarteten Rückzug bewogen? Was spielte sich

7. Checkpoint Charlie

hinter den Polit-Kulissen ab? In den letzten acht Wochen vor dem Mauerbau hatte Chruschtschow hoch gepokert und lag wiederholt richtig mit seinen Einschätzungen, auch damit, daß die Westmächte den Bau der Mauer mit einigem "Theaterdonner" schließlich akzeptieren werden, so lange ihre Rechte, sich überall in der Stadt unkontrolliert und frei bewegen zu können, auch von der Teilung Berlins nicht eingeschränkt werden. Über das Reglement

am Checkpoint Charlie einigen sich die vier Siegermächte wieder: alliiertes Personal in Zivil soll künftig am Wagenfenster seine Papiere lediglich hochhalten müssen. Darüber hinaus gehende Kontrollen werden für die Zukunft ausgeschlossen. (Einer später professionell in Aktion tretenden Fluchthilfe-Organisation, die ihre rund 500 "Kunden" mit gefälschten Diplomatenpässen ausgestattet über den Kontrollpunkt Checkpoint Charlie lotsen kann, wird diese Regelung noch zu Ruhm und Reichtum verhelfen.)

Hoch gepokert haben beide Weltmächte - noch herrscht in Berlin das nackte Entsetzen

Der Schießbefehl

Wenige Stunden zuvor durchbrach an dieser Stelle ein Fluchtfahrzeug die Grenzbefestigung

"DDR"-Grenzer

Daß es jemals einen "Schießbefehl" für die Grenzschützer gab, wurde von den Machthabern der DDR beharrlich geleugnet. Für den 1971 von Erich Honecker abgelösten Partei- und Staatschef Walter Ulbricht waren anderslautende Informationen "Propaganda-Enten" des kapitalistischen Klassenfeindes im Westen. Und Honecker räumt die Existenz des Schießbefehl auch nur in einem eher unverfänglichen Zusammenhang ein, er betonte, daß die DDR "wie jeder Staat auf der Welt seine Grenzen schützt". Punktum. Und nach dem Fall der Mauer meinten ehemals führende Funktionäre sich an einen "Schießbefehl" nicht erinnern zu können. Daß es diesen Befehl aber tatsächlich gab, und daß er in entsprechenden Kreisen auch bekannt war, beweisen die später gefundenen Geheimdokumente der DDR-Führung.

Schon 1954 – sieben Jahre vor dem Bau der Mauer – wurde in der "Vorschrift GVSTgb/Nr.I/277/54 festgelegt, daß Grenzschützer auf illegale Grenzgänger, die auf Zuruf nicht stehen bleiben, sofort schießen dürfen. 1958 wurde mit der Dienstvorschrift "DV III/2" angeordnet, gezielte Schüsse auf Flüchtlinge abzufeuern, wenn "keine andere Möglichkeit besteht, die Festnahme durch andere qualifiziertere Maßnahmen herbeizuführen."
1961 – nachdem die Grenzen dicht gemacht wurden und der Bau der Mauer begonnen hatte – bestellte Erich Honecker die Grenzkommandeure zu sich. Vom 13. August bis zum 20. September haben die Grenzschützer 216 gewaltsame Durchbrüche registrieren müssen, an denen 417 Personen beteiligt waren. Honecker verlangte, daß ab sofort jeder Durchbruchsversuch mit Brachialgewalt verhindert wird. Auf Flüchtlinge, die nicht verhaftet werden können, muß gezielt geschossen werden.
In den 70er Jahren war der DDR-Regierung an diplomatischer Anerkennung ihres Unrechtstaates in der westlichen Welt gelegen.

Vor diesem Hintergrund unterschrieb Honecker am 2. November 1973 die Internationale Konvention über bürgerliche und politische Rechte". Artikel 12 legt fest, daß es jedem Menschen freistehe, "jedes Land, auch sein eigenes, zu verlassen". Mit Unterzeichnung hatte Honecker sich also verpflichtet, auch den DDR-Bürgern zu ermöglichen, ihr Staatsgebiet jederzeit zu verlassen. Doch schon sechs Monate später verbog er den Sinn der von ihm unterschriebenen Statuten. Im Rahmen einer Tagung des "Nationalen Verteidigungsrates" in Berlin - Strausberg gab er diese Anweisungen für die Grenzsoldaten heraus:

Verblutendes Opfer:
Peter Fechter, erschossen von "DDR" Grenzsoldaten

- „Die Unverletzlichkeit der Grenze der DDR bleibt nach wie vor eine wichtige Frage (...)
- Es muß angestrebt werden, daß Grenzdurchbrüche überhaupt nicht zugelassen werden (...)
- Überall muß ein einwandfreies Schußfeld gewährleistet werden (...).
- Nach wie vor muß bei Grenzdurchbruchversuchen von der Schußwaffe rücksichtslos Gebrauch gemacht werden, und es sind die Genossen, die die Schußwaffe erfolgreich angewandt haben, zu belobigen.

In West-Berlin wurde über den Gebrauch der Schußwaffen an der Grenze `Buch` geführt. Mit der Zwischenstatistik aus dem Jahr 1986 wurde aufgedeckt, daß von West-Berlin aus in mindestens 1.638 Fällen der Einsatz von Schußwaffen stattfand – dazu 3.139 Festnahmen, die beobachtet werden konnten. Die Dunkelziffer (unbekannte Fälle) läßt sich nur vermuten.

Mörderische Selbstschußanlagen und tückische Minen

An der "grünen" Grenze der Außenbezirke Berlins

Tausende von Ost-Berlinern spielten Anfang der 60er Jahre mit dem Gedanken, die Flucht in den freien Teil Deutschlands über die "Grüne Grenze" zu wagen, in der Hoffnung, diese sei mit geringeren Risiken verbunden. Die Befestigungen an der 1.381 Kilometer langen Zonengrenze zum Bundesgebiet sahen harmlos aus. Verlassen und verträumt. Fast alle Bewohner dieser Grenzstreifen waren 1961 zwangsevakuiert worden, und ihr Immobilienbesitz wurde vom Staat enteignet. Nur politisch als "zuverlässig" eingestufte Personen dürfen bleiben. Drahtzäune, Scheinwerfer, Motorrad-Patrouillen, ein ausgeklügeltes System von Bunkeranlagen und 655 strategisch errichtete Wachtürme sollten jeden Fluchtversuch scheitern lassen. Doch diese Hoffnung erfüllte sich nicht. Die Reihe erfolgreicher Fluchten riß nicht ab. Zu weitläufig war der Grenzverlauf, als daß man ihn lückenlos hätte überwachen können.

Das Regime entschloß sich daraufhin, als erstes Minen zu verlegen. Schon 1963 meldete DDR-Verteidigungsminister Heinz Hoffmann dem SED-Politbüro den Vollzug. 4.526 Minen vom Typ PCMS-2 und 207.516 Minen vom Typ PMD-6 waren auf Position. Eine besonders grauenvolle Wirkung ging indes von den seit Anfang 1971 installierten Selbstschußgeräten aus. Sie waren an dem neuen Streckmetall-Gitterzaun der modernisierten drei Meter hohen Sperranlage in verschiedenen Höhen befestigt. Bei jeder Berührung explodierten sie sofort und rissen schreckliche Wunden.

Am 1. April 1981 wollten der 21jährige Dachdecker Henry Leuschner und sein Freund Peter Dietz in der Nähe von Plauen über die Zonengrenze fliehen. Die dabei ausgelöste Selbstschußanlage streckte Dietz mit acht Durch- und Streifschüssen nieder. Leuschner erlitt sogar 22 Einschüsse am ganzen Körper, eine Kugel drang in seine Brust, eine andere riß seinen Kopf auf. Auch wurde die Schlagader an seinem Unterarm zerfetzt. Weitere Schüsse zerrissen seinen linken Unterschenkel. Während Dietz schwerverletzt noch entkommen konnte, wurde der lebensgefährlich getroffene Leuschner, in seinem Blute liegend, verhaftet, und im Anschluß an den Krankenhausaufenthalt zu einer langen Gefängnisstrafe verurteilt.

9. Selbstschußanlagen

Die Mauer mit Graffiti und Wachturm

Die bestialisch konstruierten Selbstschußgeräte lösten bald auch eine große Empörung im Westen aus. Honecker leugnete die Existenz dieser Tötungsautomaten und bezeichnete die immer lauter werdenden Proteste als "pure Heuchelei". Sein zynisches Leugnen provozierte den in Hamburg lebenden 32jährigen Bürgerrechtler Michael Gartenschläger, der aufgebrachten Öffentlichkeit einen der Todesautomaten zur Besichtigung zu beschaffen. Einige Zeit zuvor war es ihm im Schutze der Dunkelheit schon einmal gelungen, eine Selbstschuß-anlage zu demontieren. Er hatte sie dem "SPIEGEL"- Magazin überlassen, das einen Bildbericht veröffentlichte, den die DDR-Propaganda als "plumpe Lügengeschichte" abtat. Diesmal wollte Gartenschläger seine "Beute" für jedermann zugänglich, vor dem Gebäude der "Ständigen Vertretung der DDR" in Bonn aufstellen. Was er nicht wußte: er war verraten worden.

Ein Spitzel der DDR-Geheimpolizei hatte sich an seine Fersen geheftet. Als er in der Nacht zum 1. Mai 1976 zusammen mit zwei Freunden von Hamburg aufbrach, wurde er östlich des Ortes Bröthen in Schleswig Holstein bereits erwartet. Im Hinterhalt am Grenzpfahl 231 lauerten mehrere Scharfschützen. Ohne Vorwarnung eröffneten sie das Feuer auf den Bürgerrechtler, der schwer getroffen zu Boden sank. Während seine beiden Begleiter den Schützen entkamen, verblutete er. Seine Leiche wurde von DDR-Grenzsoldaten nach Schwerin gebracht und dort an unbekannt gebliebener Stelle verscharrt.
Die erneut ausgebrochenen Proteste aus dem Westen machten Honecker zu schaffen. Zu dieser Zeit war er vehement bemüht, die internationale Anerkennung der DDR zu erreichen. Daß er 1981 auf zunehmenden Druck die Selbstschußanlagen abbauen und die Minen räumen ließ, war aber auch eine Folge des milliardenschweren Kredits, den die Bundesrepublik der DDR gewährte.
Die "Arbeitsgemeinschaft 13. August" veröffentlichte 1996 eine Statistik, derzufolge allein mindestens 39 Flüchtlinge durch Minen ums Leben kamen. Niemand zählte die Verletzten.

Patrouillierende Motorradstreife am Todesstreifen

Die DDR setzt "Kopfgelder" auf Flüchtende aus

Auf Menschenjagd für Medaillen, Geschenke und Sonderurlaub...

Entsprechend den Anweisungen des Erich Honecker wurden Grenzsoldaten, die einen Fluchtversuch mit gezielten Schüssen auf die Flüchtenden verhindern konnten, die mit ihren Schüssen fliehende Menschen verletzten oder töteten, ehrenvoll ausgezeichnet. Sie erhielten Medaillen, Geschenke und Sonderurlaub. Auch mit Bargeld wurden sie für ihre Tat belohnt. (Für die Festnahme von Flüchtlingen zahlte das Regime ebenfalls. Je nach Dienstgrad bekam der Glückliche zwischen 150 und 1.000 Ostmark). Die Leichen erschossener Flüchtlinge wurden übrigens – nachdem sie identifi-

Abgeführt: Nach verhindertem Fluchtversuch zu Zuchthausstrafen verurteilt

ziert waren – im Ost-Berliner Krematorium Baumschulenweg verbrannt. Die Angehörigen der Toten hatten die Möglichkeit, einen Antrag zu stellen, wenn sie eine unter Bewachung zu vollziehende Begräbnisfeier wünschten. Diese Anträge aber waren nicht ungefährlich. Die Teilnahme an solchen Begräbnisfeiern auch nicht. Weil ehemalige Arbeitskollegen eines an der Grenze getöteten Flüchtlings zu dessen Beerdigung erschienen waren, organisierte die örtliche SED in ihrem Werk eine Hetzkampagne. Die "Provokateure" standen von nun an am Pranger, und außerdem unter Beobachtung der "Stasi", des gefürchteten Staatssicherheits-Geheimdienstes.

Todesschützen patrouillieren auf Gräbern...

Immer verbissener wurde die Trennung Berlins vorangetrieben, bis tief in die Erde hinein, wo die Toten ruhten. Mehrere Berliner Friedhöfe lagen auf dem niedergewalzten Grenzgebiet, in der Todeszone, am Mauerstreifen. Einige dieser Friedhöfe hatten eine jahrhundertealte Geschichte – waren in gewissem Sinne Kulturdenkmäler. Erbarmungslos wurden die Gräber eingeebnet, um freies Schußfeld zu schaffen. Niemand machte sich die Mühe die Toten vorher umzubetten. Die im Grenzgebiet befindlichen Friedhöfe, die von den Planierraupen verschont blieben, durften nur noch mit einer Sondergenehmigung betreten werden.

Friedhöfe wurden verwüstet, Leichen geschändet, Gräber beseitigt...

Der Friedhof der katholischen St. Hedwigs-Gemeinde an der Louisenstraße nahe der Chausseestraße, der im Jahr 1777 als erste katholische Begräbnisstätte in Berlin nach der Reformation angelegt worden war, wurde beim Bau der Mauer von den Grenztruppen regelrecht verwüstet. Wie die Vandalen wüteten die "Grenzschützer" auf diesem Gottesacker. Auf dem Todesstreifen an der Mauer lag auch der Friedhof der

Immer wachsam - jederzeit schußbereit...

Französisch-Reformierten Gemeinde. Hier liegen unter anderem die sterblichen Überreste von Theodor Fontane. Dieses Friedhofsgelände blieb von 1961 bis 1984 gesperrt und durfte ebenfalls nur mit einem Sonderausweis aufgesucht werden. Vom nahe aufgestellten Wachturm her konnte jeder Schritt der wenigen Besucher beobachtet werden. Grauenvoll traf es den 1784 angelegten Invalidenfriedhof an der Scharnhorststraße. Über die Jahrhunderte hinweg galt er als eine sehr spezielle Gedenkstätte deutsch-preußischer Geschichte. In seiner Erde ruhen Generäle, Kriegsminister und weitere hohe Würdenträger.

Auch Hunde patrouillieren auf Friedhöfen

Auf dem altehrwürdigen St. Hedwigs-Friedhof wurden zur Grenzsicherung auch Hunde an Laufanlagen eingesetzt.

Auf den von Karl Friedrich Schinkel, Christian Daniel Rauch und anderen berühmten Künstlern erschaffenen Grabmalen und Monumenten prangen weltbekannte Namen: Scharnhorst, Witzleben, Winterfeldt, Lützow, Boyen, Schlieffen,... die Größten ihresgleichen ruhen hier. Drei der Grabfelder wurden von den Grenztruppen gleich in den ersten Wochen nach Beginn des Mauerbaues eingeebnet – zum Teil, auch in Parkplätze für das nahegelegene Regierungskrankenhaus umgewandelt. Der mißbrauchte Rest dieses Friedhofes konnte auch nur mit Sonderausweis auf eigene Gefahr besucht werden.: "Vorsicht Schußwaffengebrauch!" stand auf den Schildern zwischen den nur noch 230 beschädigten und verwilderten Gräbern, die übrig geblieben waren von den einst mehr als 3000 stolzen Grabstätten.

Überleben im Schatten der Mauer

Mauer-Kinder, lebten mit ihrem täglichen Ausblick auf das Mauer-Monstrum, in dessen Schatten sie spielten, ein anderes Leben als andere Kinder. Von der Welt, die hinter der Mauer lag, wußten sie noch nichts.

"Mauerblümchen"

...Und es gab tausende dieser Kinder, die in unmittelbarer Nähe zur Mauer zu Hause waren. Insgesamt wohnten im Schatten östlich der Mauer mehr als 120.000 Menschen, Familien, Pärchen, Singles und Rentner. Hinzu kommen die tagsüber hier beschäftigten Arbeiter, Handwerker und andere Werktätige. Für die Machthaber der DDR war jeder, der sich innerhalb des Grenzstreifens aufhielt, ein potentieller Flüchtling oder "Freiwilliger Helfer der Grenztruppen", im Volksmund verächtlich als "Denunziant" bezeichnet.

Wo das Böse sich als Alltäglichkeit maskiert

12. Mauer

Im Juni 1963 wurde das gesamte Wohngebiet auf der Ostseite der Mauer offiziell zum "Grenzgebiet" erklärt, das – scharf bewacht – nur mit einer Sondergenehmigung betreten werden durfte. Das war ein etwa 40 bis 1.500 Meter breiter, mit Wohnhäusern, Fabrik- und Grünanlagern bebauter, tief in das Stadtgebiet Ost-Berlins schneidender Streifen, deren "Frontseite" endete an der Hinterlandmauer, der ersten Grenzsperre vom Osten her. Diese stand vor der eigentlichen, und von der Westseite her sichtbaren Mauer, die den tatsächlichen Grenzverlauf darstellte.
Zwischen dieser inneren Grenze, der sogenannten "Hinterlandmauer" und der "richtigen" Mauer, lag der Todesstreifen. Wer in diesen gerodeten oder betonierten Streifen eindrang, durfte nach DDR-Recht an der fortsetzung der Flucht auch mit gezielten Todesschüssen gehindert werden.

Abrißhäuser auf der Ostseite am Grenzverlauf Berlins

Ostberliner bekamen die weltweit berüchtigte Mauer bis 1989, dem Tag, an dem sie fiel, nie wirklich zu sehen

Der Streifen der "Außenring-Grenze Berlins" schnitt an einigen Stellen bis 2,5 Kilometer tief ins Inland der DDR. Hier im "Grünen" war der Grenzverlauf durch Warnschilder gekennzeichnet, die Zufahrtsstraßen und -wege waren durch Betonkästen versperrt.

Die Zugangsregelung war eng und radikal: In der Verfügung heißt es: "*Ausnahmegenehmigung für Bürger, die den Schutzstreifen aus beruflichen Gründen oder zur Erreichung ihres Wohnortes (...) passieren müssen sind nur in eindeutig begründeten Fällen zu erteilen*".

Das Leben in der DDR war in jedem Bereich, bis hinein in die privatintimen Nischen, stringent durchplant. Spontane Aktionen wußte der Staat zu verhindern. Kein Wunder, daß das Leben im Grenzgebiet mit besonderer Raffinesse überwacht wurde. Wer dort wohnende Verwandte besuchen wollte mußte sich bei der Volkspolizei melden und einen Antrag stellen. Dieser wurde an die Staatssicherheit (Stasi) weitergeleitet. Dort wurden die Personenakten der Antragsteller überprüft. Viele Anträge kamen von der Volkspolizei mit dem Vermerk "Abgelehnt" zurück. Abgewiesene waren damit bereits als "verdächtig" registriert, von nun an behielt die Stasi sie besonders scharf im Visier. Auf erteilte Besuchsgenehmigungen warteten die Menschen wochenlang. Häufig war der Anlaß für den geplanten Besuch dann schon nicht mehr vorhanden. Vielleicht sogar schon verstorben.

Beim Betreten des Grenzgebietes mußten keine feststehenden Kontrollpunkte durchquert werden, dafür aber herrschte eine so dichte Überwachung, daß jeder, der ohne Genehmigung hier eintrat, Gefahr lief, erwischt und vor Gericht gestellt zu werden. Neben den Patrouillien der Grenztruppen und Volkspolizei überwachten in unauffälliges Zivil gekleidete Angehörige der gefürchteten Stasi (Staatssicherheit) die Grenzstreifen – und sogar die "Freiwilligen Helfer", die Denunzianten also, waren zur Festnahme sich hier illegal aufhaltender Personen berechtigt

12. Mauer

West-Berliner winken nach Ostberlin hinüber, wo jede Kontaktaufnahme brutal verhindert wird

Die im Grenzgebiet ansässigen Gewerbeunternehmen stellten für die Grenzschützer ein besonderes Sicherheitsrisiko dar. Die Kommandanten drängten auf eine Verschärfung ihrer Überwachung.: "*In Betrieben und an anderen Arbeitsplätzen in Grenznähe sind (...) Sicherungs- und Ordnungsmaßnahmen durchzusetzen, die (...) eine Ausnutzung der Objekte zu Grenzverletzungen ausschließen...*"
Um die Kontrolle über die Grenzgebiete zu perfektionieren, wandten die Machthaber alle nur erdenklichen Mittel und Methoden an. Damit die Grenzsoldaten ein freies Beobachtungs- und Schußfeld bekommen, ließen sie ganze Wohnblöcke abreißen, Betriebe stillegen, Einkaufsläden schließen und Teile von Friedhöfen einstampfen. Im Anschluß an diese "Bereinigungsmaßnahmen" wurde das frei gewordene Gelände für gewöhnlich planiert.
In den ersten 10 Jahren nach dem Bau der Mauer sind die weiträumigsten Abrißaktionen und Umsiedlungsmaßnahmen durchgeführt worden. Jeder Ost-Berliner, der im Grenzgebiet wohnte und einen Ausreiseantrag eingereicht – oder der der Stasi verdächtige Verwandte oder Freunde hatte, wurde zum Verlassen seiner Heimstätte gezwungen, mußte in eine ihm zugewiesene Wohnung weit abseits der Grenze umziehen. Tausende waren davon betroffen.
Für die meisten Menschen, die im Ostteil dicht an der Mauer wohnten, gestaltete sich der Alltag besonders bedrückend. Der öde, ausgestorbene Grenzstreifen war Nacht für Nacht von riesigen Suchscheinwerfern in ein gleißendes Licht getaucht. Und mit quälender Regelmäßigkeit erschienen nächtens Soldaten in den Wohnhäusern, die in den Kellern und auf den Dachböden nach verdächtigem stöberten.

Szenen verzweifelter Hoffnung...

Manche Bewohner stumpften ab, oder wurden depressiv, andere zynisch.

West-Berliner riskieren einen Blick über die Mörder-Mauer

Für die Machthaber Grund genug, den Arbeitern und Bewohnern der Grenzgebiete mit Sondervergünstigungen zu winken. Wer hier berufstätig war erhielt eine 15 prozentige Lohnzulage. Auch wurde viel getan, um hier die allgemeine Versorgung innerhalb zu verbessern. Zur Realisierung solch schöner Vorhaben sind mittels entsprechender Verordnungen die meist heillos überforderten Räte der Bezirke und Kreise in die Verantwortung gezwungen worden. Theorie und Praxis berührten sich nur selten in der DDR.

Kennedys Triumph

"Ich bin ein Berliner!" ruft John F. Kennedy den 400.000 Jubelnden zu

Am 26. Juni 1963 hält sich im Rahmen seines Deutschland-Besuches der amerikanische Präsident John F. Kennedy für acht Stunden in Berlin auf. In Ost-Berlin sitzen unzählige Menschen hinter fest geschlossenen Fenstern und Türen vor ihren mit gedämpfter Lautstärke eingeschalteten Radioapparaten – die meisten hören den verbotenen RiaS-Berlin (Rundfunk im amerikanischen Sektor) und lauschen aufgeregt der Reportage.

Gegen 9.40 Uhr landet John F. Kennedy mit seiner Sondermaschine auf dem Flughafen Tegel. Begrüßt wird er von Bundeskanzler Konrad Adenauer und dem Regierenden Bürgermeister Willi Brandt, sowie von den drei alliierten Stadtkommandanten West-Berlins. Zu seiner Begleitung gehört neben dem US-Außenminister Dean Rusk auch der ehemalige Militärgouverneur in Deutschland – der Held aller Berliner – General Lucius D. Clay. In seinem offenen Wagen startet Kennedy eine 53 Kilometer lange Fahrt durch West-Berlin - begeistert empfangen von über 1,4 Millionen Menschen. Der Höhepunkt des Besuches ist seine Ansprache. "Mr. Präsident" steht auf dem Balkon des Schöneberger Rathauses hoch über der dicht gedrängten Menge. Mehr als 400.000 Berliner hängen an seinen Lippen, als er die berühmten 4 Worte ausspricht: "Ich bin ein Berliner!" und es bricht donnernder Jubel aus.

Auf einem Empfang am Abend wird ihm von der Freien Universität die akademische Ehrenbürgerwürde verliehen. Auch hier nutzt er die Gelegenheit, nicht nur den Freiheitswillen der Berliner zu würdigen, sondern auch für eine Verständigung mit dem Osten zu plädieren.

Die Berliner setzen auf ihn all ihre Hoffnungen: John F. Kennedy auf seiner Fahrt durch Westberlin

1963: Das große Weihnachts-Wunder: Passierscheine endlich auch für West-Berliner

Vermerke der Büros für Besuchs- und
über weitere Berechtigungen zum

...reisetag 24.04.75	Einre
...ch Greifswald	nach
...t / ohne Kfz. Wolgast	mit /
... Kinder	
DS	
...reisetag 12.06.75	Einre
...ch Belzig	nach
...it / ohne Kfz	mit /
... Kinder	
Visum erteilt	
DS	

Original-Formular für die Einreise in die "DDR"

Bisher waren nur die westdeutschen Bundesbürger privilegiert, Ost-Berlin besuchen zu dürfen, Den West-Berlinern blieb diese Chance verwehrt, da die DDR nach wie vor deren Zugehörigkeit zum Bundesgebiet nicht anerkannte. Erst zum Weihnachtsfest 1963 kam es nach zähen Verhandlungen zwischen dem West-Berliner Senat und dem DDR-Staatssekretär Erich Wendt zu einer Vereinbarung, die für die Zeit vom 19. Dezember bis zum 5. Januar 1964 Verwandtenbesuche in Ost-Berlin gestattete. Die ganze Stadt wurde in jenen Tegen zu einem unvergleichlichen ein Ort erschütternder Wieder-sehens-szenen.

Insgesamt wurden in den dafür eingerichteten Stellen 1.242.800 Ein-Tages-Passierscheine ausgegeben. Für jede dieser Besuchserlaubnisse mußte 10 Westmark zum Kurs von 1./.1 in die um vieles weniger wertige Ost-Mark eingetauscht werden. Nicht verbrauchtes Ostgeld wurde nicht zurückgetauscht.

Die Besuchsregeln waren äußerst streng, deren Überwachung kompromißlos. Der Aufenthalt in Ost-Berlin war für die Tageszeit zwischen 6 bis 24 Uhr beschränkt.

Die DDR-Machthaber verfuhren nach dem Grundsatz: "Das eine tun, das andere nicht lassen" auf ihre eigene, perfide Art und Weise. Unfaßbar grausame Akte gingen zeitlich zusammen mit milde scheinender Entspannungspolitik, die darauf ausgerichtet war, Verwirrung und Unsicherheiten zu stiften. Mit der Vorspiegelung einer Haltung, die das Völkerrecht zu respektierten scheint, bemühte das Regime sich um internationale Anerkennung seines Staates. Doch im Schatten solch schrillen Entgegenkommens wuchs weiterhin das absolut Böse zu einer Größe, mit der es für viele unsichtbar war. Die Haltung derer, die sich mit dem ihnen aufgezwungenen Leben arrangierten, erinnert an das Phänomen, daß Frauen

Szenen des Wiedersehens...

sich häufig in ihre Entführer verlieben, deren willkürliche Freundlichkeit ihnen sagt: schau an, im Grunde ein um mich doch zutiefst besorgter Mensch...
In den folgenden Jahren wurden noch sechs weitere Passierschein-Aktionen veranstaltet, die letzte in der Zeit vom 23. Mai bis 5. Juni 1966. Weil beide Seiten sich nicht auf das von der DDR geforderte Prozedere einigen konnten trat danach eine mehrjährige Pause ein, doch blieb dabei die auf Grundlage eines Spezialabkommens von 1964 eingerichtete "Passierscheinstelle für dringende Familienangelegenheiten" geöffnet. Hier wurden Ausnahmefälle "behandelt": lebensgefährliche Erkrankungen, Todesfälle der Eltern, Kinder, Geschwister, Großeltern oder Enkel, vor allem Verwandte ersten Grades. **Am 3. Mai 1971 übergibt der 1945 aus der Emigration in der Sowjetunion nach Berlin gekommene Altkommunist Walter Ulbricht, gebürtiger Sachse und gelernter Tischler, sein Amt an den früheren Dachdecker Erich Honecker.** Aus Altersgründen, wie es heißt. Neue Verhandlungen des West-Berliner Senats und der DDR-Regierung bescherten vom 3. Juni 1973 an großzügigere Besuchsregeln auf Grundlage der 1971 getroffenen "Vereinbarung über Erleichterungen und Verbesserungen des Reise- und Besucherverkehrs". Nun durften auch solche Ausländer nach Ost-Berlin, die in West-Berlin ihren festen Wohnsitz hatten. Die erweiterte Regelung sah 30 "Besuchstage" im Jahr vor und wurde von 1984 an auf 45 Tage erhöht. Für die Antragsteller waren fünf West-Berliner "Büros für Besuchs- und Reiseangelegenheiten" eingerichtet worden. Da in diesen Büros Ost-Personal arbeitete, mußte die West-Berliner Polizei zu deren Sicherheit Wache schieben. 1988 wurden nach weiteren Verhandlungen sogar Mehrfachberechtigungsscheine ausgestellt, die innerhalb von sechs Monaten jeweils zehn "Besuche" Ost-Berlins ermöglichten. Und die Verbleibdauer wurde von Mitternacht auf 2 Uhr früh ver-

Aus der Sehnsucht seiner Bürger machte das "DDR"-Regime ein blühendes Geschäft

längert. Schließlich wurden auch 2-Tages-Besuche genehmigt.
In der Zeit von 1972 bis 1989 – als die Mauer fiel – registrierte Ost-Berlin jährlich zwischen 2.078.000 und 2.379.000 West-Berliner als Besucher. Zu jedem Tagesbesuch mußten Personen, die älter als 16 Jahre waren, fünf und für Mehr-Tages-Besuche 15 West-Mark berappen. Das Geschäft blühte. Die einseitigen Besuchsmöglichkeiten, für deren Einräumung die Bundesrepublik der DDR großzügige Geld- und Sachzuwendungen zukommen ließ, **täuschten natürlich nicht darüber hinweg, daß jeder Besuch in Ost-Berlin etwas nicht viel anderes ist, als das besuchsweise Betreten eines gigantischen Zuchthauses.** Die darin Gefangenen freuten sich zwar über die Besucher, waren zwar dankbar für mitgebrachte Geschenke, blieben sich aber auch unablässig ihres Schicksals bewußt.

West-Berliner und Westdeutsche betreten das "Zuchthaus DDR"

Geheimnisse und Geschäfte der Fluchthelfer

Von 1963 an wurde fluchtwilligen Ost-Berlinern und anderen DDR-Bürgern der Durchbruch in den "Goldenen Westen" von "Profis" organisiert. Die in West-Berlin und Westdeutschland lebenden "Schleuser" schal-

Zeugnisse wütender Hilflosigkeit der Westberliner

teten in West-Berliner Tageszeitungen dubiose Kleinanzeigen. In denen wurde "Hilfe bei familiären Schwierigkeiten" angepriesen. Wer interessiert war, konnte schriftlichen Kontakt über eine Chiffrenummer aufnehmen. Aber auf der Aussichtsplattform an der Bernauer Straße wurde über die Mauer hinweg gut sichtbar sogar plakatiert.
Für jeden Flüchtling kassierten die Fluchthelfer – oft von im Westen lebenden Verwandten oder Freunden - 1000,- bis 2000,- DM. Und dies war erst der Anfang...

Zu Beginn der organisierten Fluchthilfe waren Idealisten am Werk, die zugegebenermaßen ihre Kosten decken mußten. Bald aber stiegen windige "Geschäftsleute" ein, die sich nach Art der Geheimdienste organisierten. Feinmaschige Informanten-Netze wurden gesponnen. Mit Tip-Gebern, die für Erfolgshonorare fluchtwillige Ost-Deutsche aufspürten, und es gab

viele Helfer mit westdeutschen Pässen, kühn genug, in Ost-Berlin die erforderlichen Vorbereitungen zu treffen. Das stets im Ungewissen verlaufende Verknüpfen von Angebot und Nachfrage war fast noch gefährlicher, als der Fluchtakt selbst. Die Stasi und ihre Spitzel lauerten überall.
Wenn das "Geschäftliche" geregelt war, wurde der Fluchtwillige nach Einbruch der Dunkelheit an einen der weniger belebten Vororte Ost-Berlins bestellt. Versteckt im Kofferraum des dort wartenden Pkws ging es dann über die Transitautobahn und - wenn alles planmäßig lief - nach Westdeutschland. Das kostete den Glücklichen ein kleines Vermögen.
Das angeblich erfolgreichste Schleuser-Unternehmen war die in Zürich ansässige Firma "Aramco", hinter der eine schillernde Figur namens Hans-Ulrich Lenzlinger stand. Der verlangte für jeden im Westen abgelieferten Flüchtling 20.000 bis 25.000 D-Mark. 16 Helfer beschäftigte er. In seiner "Kunden-Kartei" standen mehr als 400 Namen. Er verdiente Millionen. Und selbstverständlich auch die ganze Aufmerksamkeit der Stasi. Zur Hauptabteilung I des Ost-Berliner Staatssicherheitsdienstes gehörten Einsatzkommandos, die im Westen Deutschlands operierten, und auf deren Konto nicht nur hunderte von Entführungen gingen, sondern auch Dutzende von Auftragsmorden. Als "gefährlich" eingestufte Feinde der DDR durften sich Flüchtlinge nirgendwo sicher fühlen, sie wurden also entweder verschleppt oder getötet, wenn sie Pech hatten.
Am Morgen des **5. Februar 1979** wurde Lenzlinger in seiner Schweizer Villa erschossen. Bis heute ist es nicht gelungen, die näheren Umstände zu rekonstruieren – es waren eben auch hier die hochqualifizierten Profis am Werk.

Auf der Aussichtsplattform: Schlange stehen für einen Ausblick in den Abgrund menschlichen Versagens

15. Fluchthelfer

Eine andere Art lukrativer Fluchthilfe war für den gefürchteten Staatssicherheitsdienst der DDR problematischer. Vornehmlich schlechtbesoldete Botschafts-Vertreter unteren Ranges von Ländern der Dritten Welt nutzten ihre bevorzugte Stellung aus, um sich ein für ihre Begriffe sensationelles "Zubrot" zu verdienen. Ihre Chance lag darin, daß sie als Diplomaten an der Grenze nicht kontrolliert wurden. Risikolos chauffierten sie die in ihrem Auto verborgenen Flüchtlinge über den nur von Ausländern benutzten "Checkpoint Charlie"
Auch sie verlangten ein fünfstelliges Honorar für ihre Fluchthilfe, eine Summe, von der in ihren Heimatländern sogar ein anspruchsvoller Mensch zwei bis drei Jahre recht bequem leben konnte. Wie vielen Ost-Deutschen mit Hilfe dieser Diplomaten die Flucht gelang, ist schwer zu schätzen. Hunderte könnten es sein.

Von Fluchhilfeorganisationen meistgenutzter Grenzübergang "Checkpoint Charlie" 1968

Fluchthilfe-Unternehmer tüftelten immer raffiniertere Methoden aus. Die in den späten 60er Jahren wahrscheinlich erfolgreichste und für ihre "Erfinder" einträglichste Masche war Flucht, die gar nicht nach Flucht aussah. Auch hier spielte das besondere Reglement am "Checkpoint Charlie" die Hauptrolle. Mindestens 500 zahlende Kunden sollen es schon gewesen sein, die von zwei cleveren West-Berlinern mit ebenso falschen, wie auch teuren Diplomatenpässen aus Ost-Berlin heraus gelotst worden sind.

Staatssicherheit und Grenzschützer schlossen bald auch diese Lücke. West-Politiker waren indirekt behilflich dabei. Sie konnten einfach nicht mehr ignorieren, daß diese neue Generation von Fluchthelfern, die ihr Geschäft mit der Mentalität hartgesottener Legionäre betrieb, auch nach den Gesetzen der Bundesrepublik Straftaten verübten. Aber auch der Aspekt gebotener Fürsorglichkeit spielte eine Rolle. DDR-Grenztruppen haben aus den gescheiterten Unternehmungen und den Verhören der Verhafteten Konsequenzen ziehen können. Und die Stasi hatte immer öfter Fluchtversuche noch im Keim erstickt; war es ihr doch gelungen, in mehrere Organisationen Spitzel einzuschleusen.
Gefangen genommene Fluchthelfer wurden wegen "kriminellen Menschenhandels" zu hohen Zuchthausstrafen verurteilt, aber auch deren "Kunden" erhielten drakonische Strafen.

Im Gedenken an die Opfer gescheiterter Fluchtversuche

Mitte der 70er Jahre war das große Geschäft mit der Sehnsucht nach Freiheit am Ende. Die im Westen gegründeten Organisationen begannen sich aufzulösen. Und einer der beiden "Diplomaten-Fabrikanten" mußte in West-Berlin zu einer langjährigen Gefängnisstrafe verurteilt werden. Er hatte einen Juwelier überfallen, weil er auf seinen früheren luxuriösen Lebensstil nicht mehr verzichten wollte.

Ungebrochen dagegen blieb der Wille hunderttausender Ost-Berliner und anderer DDR-Bürger, - sie suchten weiterhin nach Wegen in die Freiheit. Und viele von ihnen fanden und nutzten sie auch.

Wie die Bundesrepublik der DDR Menschen abgekauft hat

Am 23.September 1963 geschah etwas in der DDR, das von den dortigen Machthabern und Abgeordneten der Bundesrepublik unter strengster Geheimhaltung verhandelt worden ist: Drei politische Häftlinge, jahrelang eingesperrt, wurden für sie völlig überraschend aus ihren Zellen geführt, eingekleidet und zu einem Ost-Berliner Anwalt verbracht. Dieser "Vermittler" schaffte sie in seinem Wagen nach West-Berlin in die Kanzlei eines Standeskollegen. Diesen konspirativen Aktionen waren langatmige Geheimkontakte beider Staaten vorausgegangen.

Hier auf der Glienicker Brücke, tauschte Ost und West seine Agenten aus

Die DDR hatte zu verstehen gegeben, daß sie bereit wäre, in größerem Umfang wegen politischer Überzeugungstaten einsitzende Häftlinge in den Westen zu entlassen, falls dort für sie ein guter Preis gezahlt wird. Die Gespräche verliefen auf "privater" Ebene. Dennoch erfuhr der Großverleger Axel Springer davon, der sich daraufhin mit dem Bundesminister für Gesamtdeutsche Fragen, Rainer Barzel, traf, um seine Unterstützung anzubieten. Barzel gelang es, die Bundesrepublik von diesem Pakt zu überzeugen. Die Freilassung politischer Häftlinge gegen Bezahlung kam in Gang. In der ersten Zeit zahlte die westliche Seite cash, die DDR bestand auf harter Westwährung. Später wurden für die in Frage kommenden Häftlinge mit Wirtschaftsgütern bezahlt. Pro Kopf im Wert von 40.000, - Mark.

Die DDR kam bald "auf den Geschmack" und trieb den vereinbarten Preis beständig in die Höhe. Am Ende kostete jeder Häftling mehr als das doppelte. Die Verhandlungen waren auf westlicher Seite dem Diakonischen Werk der Evangelischen Kirche überantwortet worden. Sie mußte auch herausfinden, welche West-Waren für die DDR von besonderem Interesse sind. Der Bundesrepublik lag daran, mit solchen Lieferungen vor allem der DDR-Bevölkerung helfen zu können, denn deren Versorgungslage war miserabel. Es fehlte an vielem. Die Hoffnung erfüllte sich nicht. Die Verhandlungspartner verlangten von der westlichen Seite Erdöl, Kupfer, Silber und Industriediamanten, nur nichts zu beißen.

Um das Geschäft mit dem Menschenhandel auf Hochtouren zu bringen, produzierten die DDR-Machthaber ihre "Handelsware" immer schneller. Immer mehr ihrer Bürger ließen sie wegen politisch unbequemer Gesinnung verhaften, verhören, verurteilen und einsperren, vermuteten die Entscheidungsträger auf der westlichen Seite. Zwischendurch wurden sie von den DDR-Händlern aber auch regelrecht hereingelegt. Anstelle politischer Häftlinge jubelten ihre Verhandlungspartner ihnen gewöhnliche Kriminelle unter, froh, diese unnützen "Esser" los zu sein und obendrein für jeden von ihnen mit Waren im Wert von fast 100.000,- Mark belohnt zu werden.

Das Wahrzeichen fiktiver und realer Spionage-Thriller: Die Glienicker Brücke

Im Verlauf dieser Freikauf-Aktionen wurden insgesamt 33.753 DDR-Häftlinge nach West-Berlin entlassen, außerdem wurden mehr als 2000 Kinder losgeeist, die zuvor von Flüchtlingen zurückgelassen werden mußten. Rund eine viertel Million Familienzusammenführungen kamen insgesamt zustande. Die westliche Seite ließ sich die Freiheit der Väter und Mütter, Brüder, Schwestern, Kinder, und anderer Verwandter der West-Berliner und Bundesbürger, über 3,5 Milliarden Mark (an Bargeld und Sachwerten) kosten.

Abseits dieser offiziellen Freikauf - Schiene kamen ähnliche "Geschäfte" auch auf privater Initiative hin zustande. Bekannt wurde der Fall einer in Ost-Berlin lebenden Ärztin, für deren offizielle Ausreise nach West-Berlin DDR-Unterhändler 200.000,- Mark kassiert haben. Mit großen Summen der aus diesem Menschenhandel von der DDR eingenommenen Bargeldern wurde übrigens der Bedarf an westlichen Luxusgütern in der Ost-Berliner Prominenten-Siedlung Wandlitz gedeckt, außerdem wurden davon Feierlichkeiten zum 30.Jahrestag der DDR-Gründung und der Ankauf von 160 Citroen - Limousinen für die Parteibonzen finanziert

Das gefürchtete "Stasi"-Gefängnis

Das 1950 – unmittelbar nach Staatsgründung – entstandene "Ministerium für Staatssicherheit" der DDR verstand sich selbst als "Schild und Schwert" der mit diktatorischen Mitteln regierenden DDR. Dessen Aufgabe war es, jeden Widerstand gegen die Herrschaft der staatstragenden Partei - der SED - auszuschalten und deren Macht gegen Angriffe zu verteidigen. Noch 1989 verfügte die "Stasi" über 91.000 hauptamtlicher und über mindestens 180.000 IM's – so genannte inoffizieller Mitarbeiter. Die Dunkelziffer läßt sich nur schätzen. (Zum Vergleich: Die dreimal so bevölkerungsstarke Bundesrepublik beschäftigte zum selben Zeitpunkt nur rund 15.000 Geheimdienstmitarbeiter, während die "GeStaPo"- Geheime Staatspolizei der Nazis – für das gesamte Deutsche Reich nur 7000 Mitarbeiter benötigte.) Die Machtfülle der Stasi war unfaßbar. Der Dienst besaß sämtliche Befugnisse von Polizei und Staatsanwaltschaft, konnte jederzeit Ermittlungsverfahren eröffnen und Verhaftungen durchführen.

Der U-förmige Bau in Hohenschönhausen mit gruftartigen Zellen

Für Menschen-Verschleppungen und "Liquidierungen" von SED-Feinden auf dem Gebiet der Bundesrepublik unterhielt die Stasi Spezialabteilungen. ...Und in jedem der fünfzehn DDR-Bezirke ein gefürchtetes Untersuchungsgefängnis. Für Ost-Berlin sogar zwei - in der riesigen Stasi-Zentrale in Lichtenberg und in Hohenschönhausen. Auf dem dortigen Gelände in der Genslerstraße befand sich ursprünglich eine Großküche der Nationalsozialistischen Volkswohlfahrt. Der 1939 fertig gestellte Backsteinbau war im Mai 1945 von der sowjetischen Besatzungsmacht beschlagnahmt und zu einem Haftlager umfunktioniert worden. Von hier aus starteten 20.000 Gefangene zu Gewaltmärschen - oder zusammen-

Die sichtbare Fratze des Stasi-Terrors: Der schreckliche Anblick des Foltergefängnisses in Hohenschönhausen

gepfercht auf Lastwagen - ins ehemalige Konzentrationslager Sachsenhausen und weitere sowjetische Läger. Nachdem dieses Kellergefängnis (1951) von der Staatssicherheit in Besitz genommen worden war, füllten sich dessen gruftartige Zellen mit Regimegegnern. Es wurde gefoltert. Es gab Todesopfer. Es war die Hölle. Der U-förmige Bau diente der Stasi fortan als zentrale Untersuchungshaftanstalt, in der nach dem Mauerbau (1961) vor allem Menschen festgehalten wurden, die fliehen oder ausreisen wollten.

Hölle mit Vorhof

Nur noch selten wurde physische Gewalt angewendet, die Stasi zermürbte ihre Gefangenen nun mit raffinierteren Methoden: Über den Ort ihrer Haft erfuhren sie nichts, von der Außenwelt blieben sie hermetisch abgeschlossen. Systematisch wurde ihnen ins Bewußtsein manipuliert, einem Staat ausgeliefert zu sein, der allmächtig ist.
Die vollkommen isoliert gehaltenen Gefangenen wurden von "Verhörspezialisten" monatelangen Befragungen unterzogen, in deren Verlauf "Belastendes" zutage gefördert werden sollte. Eingesperrt unter oft fadenscheinigen Beschuldigungen knüpften die Gefangenen im Zuge der bei ihnen durchgeführten "Gehirnwäsche", das Seil, an dem sie aufgeknüpft werden sollten, nicht selten selbst.

Blick in einen der Zellentrakte

In dem im hinteren Teil des Geländes eingerichteten Arbeitslager lebten von 1952 bis 1974 über 8000 Zwangsarbeiter, untergebracht in verkommenen Hafträumen, bedroht von finsteren Arrestzellen, bei Kräften gehalten im schäbigen Essenssaal, und zu ihrer politischen Umerziehung im dafür eingerichteten Gemeinschaftszentrum gequält. Sie mußten Ende der 50er Jahre auch den Gefängnis-Erweiterungsbau mit 200 Zellen und Vernehmungsräumen errichten.

Nachdem die physische Folter offiziell verboten wurde zermürbte keimfreie Psychofolter die Gefangenen

Erst die friedliche Revolution im Herbst 1989, die das Ende der SED-Diktatur einleitete, führte zur Auflösung des Staatssicherheitsdienstes und seiner Gefängnisse. Mit dem Beitritt der DDR zur Bundesrepublik Deutschland am 3. Oktober 1990 wurde die Haftanstalt in Berlin-Hohenschönhausen endlich geschlossen.

Spektakuläre Fluchtaktionen

...durch die Luft

Am 28. Juli 1965 gelang ein tollkühner Fluchtversuch aus dem scharf bewachten "Haus der Ministerien" in der Wilhelmstraße. Heinz Holzapfel, Diplom-Ökonom aus Leipzig, hatte hier oft schon dienstlich zu tun. Das riesige Gebäude berührte mit einem seiner Flügel die Sektorengrenze. Der Mann aus Sachsen hatte einen Plan ausgebrütet, der genug Stoff für einen brillanten Kino-Thriller böte. Jenseits des an die Mauer angrenzenden Südflügels, auf West-Berliner Seite also, lauerten Verwandte von ihm. Sie hielten ein präpariertes Drahtseil von sechs Millimetern Stärke und 50 Meter Länge bereit. Hinter ihnen stand ein LKW-Anhänger, an dem das Drahtseil befestigt werden sollte.
An diesem heißen Julitag schlich sich Holzapfel während der Dienstzeit mit seiner Ehefrau Jutta und dem neunjährigen Sohn Günther in eine im obersten Stockwerk des ihm vertrauten Amtsgebäudes gelegene Toilette. Um dort nicht entdeckt zu werden, hängte er ein vorbereitetes Schild:

Am Drahtseil vom Dach in die Freiheit: Am 28. Juli 1965 geschah hier das fast unmögliche

"Außer Betrieb" an die Tür und riegelte sich und seine Familie ein. So wartete er, zunehmend genervt, bis die im Hause beschäftigten Mitarbeiter hoffentlich in den Feierabend verschwunden waren. Nun mußte die Familie Holzapfel nur auf die Dunkelheit warten. Die jenseits der Mauer in Position stehenden Angehörigen schwitzten Blut und Wasser. Ein waghalsiges Unternehmen. Nur der Mut der Verzweiflung und die Liebe füreinander hielt sie noch aufrecht.
Unerbittlich rückte die Stunde der Entscheidung mit jedem Atemzug näher. Gegen 22.00 Uhr sollte es passieren, das war verabredet. Heinz Holzapfel, seine Frau und ihr Kind schlichen auf das Dach. Von hier warf der Mann mit großem Schwung einen mit Schaumgummi umkleideten Hammer über die nahe Mauer hinweg. Am Stiel des fast geräuschlos in das hohe Unkraut niedersausende, mit Leuchtfarbe bemalte Werkzeug, war ein 2 Millimeter starkes Perlonseil befestigt. Die Verwandten griffen sich das Ding und verknüpften es mit dem bereit gehaltenen Drahtseil, dessen Ende Holzapfel in der Hand hielt, der die Vorrichtung nun zu sich herauf zurück zog. Alle paar Sekunden hielt er inne. Nur wenige Meter entfernt von dem Platz, an dem er mit seiner Familie hockte, befand sich ein Unterstand, in dem ein sowjetischer Posten lauerte. Das straff gespannte Drahtseil befestigte Holzapfel an dem Fahnenmast, der hinter ihm auf dem Hausdach der "Ministerien". verankert war.
Über sich die knatternde DDR-Flagge, unter sich den drohenden Abgrund, in der Dunkelheit ringsum versteckte Grenzschützer mit Schießbefehl - und vor sich, nur knapp zwanzig Meter entfernt, die Mauer...die Freiheit. Wie an einer Seilbahn saust zuerst das mit einem Brust- und Schultergurt gesicherte Kind hinüber, direkt in die Arme der dort Wartenden. Dann folgt die Ehefrau und als letzter der kühne Konstrukteur dieses verwegenen Fluchtweges. Noch bevor er die Mauerkrone unter sich sieht, rutscht seine Tasche, die ihm um den Hals hängt, in die Tiefe. Schlägt klatschend auf dem hartem Hofboden auf. Der Lederriemen war gerissen.
Vielleicht hätte ein wachsamer Grenzsoldat den Flüchtenden noch erschießen können, doch erst am nächsten Morgen entdeckten die Grenzsoldaten, welch ein Abenteuer sich neben ihnen abgespielt hatte.

Rekonstruktion eines Wunders

Zwei Ost-Berlinern gelang mit einem ähnlichen Plan die Flucht. Knapp zweihundert Meter vom Checkpoint Charlie entfernt brachen die beiden eines Nachts in ein Druckhaus ein. Im dritten Stockwerk durchsägten sie ein Fenstergitter, durch das sie einen Wurfanker schleuderten, der ein 20 Meter langes Seil hinter sich herzog. Der Anker überflog die nahe Mauer und bohrte sich jenseits davon tief in den weichen Erdboden. Die zur Flucht wild Entschlossenen waren sportlich genug, sich mit ihren Händen am Seil entlang zu hangeln. Unversehrt erreichten sie den Boden des West-Berliner Bezirks Kreuzberg.

18. Fluchtaktionen

... auf dem Boden und im Wasser

...ruhigen Blutes...

15. August 1961. Auf der Bernauer/Ecke Ruppiner Straße hält sich eine kleine Gruppe von West-Reportern auf. Sie interessierten sich für die Häuser, aus denen Menschen gesprungen sind.
Das erregende Bild dieser Flucht ist heute fast so bekannt wie ein Star-Portrait von Madonna. Einer der Grenzsoldaten erregt die Aufmerksamkeit der unschlüssig herumstehenden Reporter, weil er mehrmals an die Stacheldrahtbarriere tritt und sie mit der Hand ein Stück niederzudrücken versucht, wie es aussieht. Jedesmal entfernt er sich wieder, macht kehrt und tut dasselbe noch einmal. Wieder zieht er sich zurück. Die Männer rätseln. Minuten vergehen. Plötzlich geschieht es, blitzschnell rollt es ab. Für die in die Höhe gerissenen Kameras gerade noch passend: Der Soldat kommt wieder aus dem Hintergrund, beschleunigt sein Tempo, rennt auf die Barriere zu, springt in die Höhe, läßt noch inmitten des Sprunges seine Maschinenpistole fallen, hält sich oben bis er drüber weg ist.
Der 19jährige Conrad Schumann landet wenige Meter vor den ihm entgegen starrenden Reportern in West-Berlin.

den richtigen Augenblick...

Am 18. August 1961 überspringt ein zweiter Grenzsoldat die Mauer des Louisen-Friedhofs . Auch er landet in der Freiheit.
In den ersten Wochen nach Grenzschließung flüchten von den rund 18.000 hier postierten Grenzschutzkräften (der NVA, Volkspolizei, Grenzpolizei, Transportpolizei und Angehörige der Betriebskampfgruppen) nur 85 Mann nach West-Berlin. Das sind nicht viele, die sich dem Regime durch Flucht verweigert haben. Was darauf schließen läßt, daß die meisten der Uniformträger von der ihnen übertragenen Aufgabe doch überzeugt waren. Zum Teil war ihnen aber auch bewusst, dass ihr Schritt in die Freiheit teuer erkauft wird mit einem Rachefeldzug des DDR-Regimes gegen die dort verbliebenen Familienangehörigen.

abgepasst und ausgenutzt!

Am 24. August 1961 schleicht der 24jährige Günther Litfin am Bahnhof Friedrichstraße unterhalb der Gleise entlang in Richtung West-Berlin. Die Grenze ist nahe. Doch er wird entdeckt. Ein Wachtposten der für die Sicherung der Bahnanlagen zuständigen Transportpolizei (Trapo) befiehlt ihm, stehen zu bleiben. Dabei feuert er zwei Warnschüsse ab. Der gelernte Schneider Litfin springt ins Wasser des Humboldthafens, um das West-Berliner Gebiet schwimmend zu erreichen. Der spätere Bericht des Trapo-Abschnittsleiters schildert das weitere Geschehen in militärischer Knappheit und angemessener Gefühlskälte. Zu lesen ist folgendes:
"Nachdem eine MPI-Salve von 3 Schuß einige Meter vor dem Grenzverletzer ins Wasser abgefeuert wurde und dieser nicht umkehrte, erfolgte die Abgabe von 2 gezielten Schüssen, worauf der Grenzverletzer unterging"
Die Leiche des jungen Mannes, der nur ein Schneider war, welcher im Westen arbeiten und leben wollte, wurde zwei Stunden später von Vopos aus der Spree geborgen.

Wem die Stunde schlägt: Conrad Schumanns Sprung in die Weltgeschichte - am 15. August 1961 an der Bernauer Straße

Am 5. Dezember 1961 gelang eine spektakuläre Flucht auf den Schienen der Reichsbahn von Oranienburg aus. Lockführer Harry Deterling mit seiner Familie und seinem Heizer donnerten auf ihrer schweren Dampflok 78079 in die Freiheit. Die Grenztruppen waren völlig überrumpelt. Eilig wurden nun auch die Sperranlagen an den Grenzbahnhöfen verstärkt.

Alle Hoffnungen im Gepäck...

Anfang der 60er Jahre wagten einige DDR-Bürger die Flucht in präparierten Personenkraftwagen. Eine enorme Erfindungsgabe war notwendig, um In kleinsten Hohlräumen auch großgewachsene Leute verstecken zu können. Die Grenzsoldaten aber lernten natürlich auch hinzu. Gescheiterte Fluchtversuche in umgebauten Pkws wurden genauestens analysiert, und die Gefahr entdeckt zu werden, war bald größer, als die Chance, davon zu kommen. Dennoch gelang noch 1964 neun Personen nacheinander die Flucht in einer winzigen BMW-Isetta.

Im Mai 1962 springt an einem Spätnachmittag der erst 15jährige Willfried T. in den Spandauer Schiffahrtskanal, um schwimmend das rettende West-Ufer zu erreichen. DDR-Grenzsoldaten eröffnen das Feuer. Mehrere Kugeln schlagen in den Körper des Kindes ein, aber schwer verletzt schwimmt es weitert, erreicht mit letzter Kraft das Ufer, kriecht aufs Trockene. Ein sich dort zufällig aufhaltender Lagerarbeiter eilt ihm zu Hilfe. Um das Kind zu töten, zielen und feuern die Grenzsoldaten ganze Salven ab. Insgesamt 121 Kugeln. Inzwischen sind zwei West-Berliner Polizisten am Ufer und schießen zurück. Dabei wird der 21jährige Grenzsoldat Peter Göring getroffen, er stirbt, noch ehe seine "Kameraden" ihn abtransportieren.

Wenige Tage später gelingt eine eiskalt geplante Flucht. Der olivgrüne Wagen, ein sowjetischer "Pobjeda", durchfährt mit einem sowjetischen Major am Steuer, im Schrittempo die Absperrungen am Checkpoint Charlie. Wie es für Angehörige der Alliierten Streitkräfte üblich ist, unkontrolliert. Was die Grenzsoldaten nicht wissen, ist, daß allein die Uniform einen Major aus dem Mann macht, der in Wirklichkeit "nur" ein nervenstarker Ost-Berliner mit ungebremstem Freiheitsdrang ist. Die Eindruck schin-

Ein Unterwasser Fluchtmobil - Ausstellungsobjekt im "Mauer Museum"

dende Kleidung hatte ihm wahrscheinlich einer der vielen sowjetischen Soldaten verschachert, die für eine goldene Uhr oder sonstige Aufmerksamkeiten ja so allerlei aus dem Militärbestand der Sowjets beschaffen konnten...

Der von Gewehrsalven getroffene Peter Fechter verblutet...

Am 7. Juni 1962 ereignete sich eines der spektakulärsten Fluchtunternehmen auf dem Wasser. Der 17jährige Bodo Kunkel hatte schon lange darüber gegrübelt, wie er nach West-Berlin entkommen könnte. In den Morgenstunden dieses schönen Junitages suchte er sich dafür das allergrößte Hilfsmittel aus: einen Dampfer. Aber nicht irgendeinen. Die "Friedrich Wolf", das stolze Flaggschiff der DDR-eigenen "Weißen Flotte" mußte es sein. Weil Kunkel auf diesem Schiff Matrose war. Zusammen mit vier anderen Besatzungsmitgliedern überwältigte er den Kapitän. Dann änderten sie kurzerhand den Kurs. Mit insgesamt 14 Flüchtlingen an Bord tuckerten die "Piraten" auf die West-Berliner Wasserseite. Eine Szene wie im Film: da, wo sich hunderte von West-Berliner Paddler, Segler, anderen Bonsai-Kapitänen, Badende und sich Sonnende, tummelten, tauchte ganz plötzlich - wie aus einer sich unversehens auftuenden Parallelwelt - unter knatternder DDR-Staatsflagge dieser riesige Vergnügungsdampfer auf.

Am 17. August 1962 wird Peter Fechter ermordet. Der 18jährige war als Bauarbeiter "Unter den Linden" eingesetzt. Zusammen mit einem Arbeitskollegen versucht er die Mauer in der Zimmerstraße – nahe am Checkpoint Charlie – zu überwinden.
Während seinem Kollegen der Sprung in den Westen gelingt, wird Fechter

"DDR"-Grenschützer transportieren die Leiche aus dem Blickfeld der Beobachter

Denkmal zu Ehren des Mauer-Opfers

von den Gewehrkugeln eines Grenzsoldaten gestoppt. Mit zwei Lungen- und einem Bauchschuß fällt er von der schon erklommenen Mauerkrone zurück auf die Ost-Berliner Seite der Mauer.

Couragierte West- Polizisten klettern auf der anderen Seite hinauf, und werfen dem Schwerverletzten Verbandspäckchen zu. Von der Ost- Seite kommt keine Hilfe. So bleibt Peter Fechter unmittelbar am Fuße der Mauer inmitten der Sperranlagen liegen.
Auf beiden Seiten der Mauer versammeln sich immer mehr Menschen, die die Schmerzensschreie des Jungen hören. Auf der West- Seite wendet die Polizei mittlerweile große Mühe auf, die erregte Menschenmenge zurück zu drängen. Den Grenzsoldaten der anderen Seite werden Drohungen hinüber geschrien: "Mörder !" erschallt es. Die grausige Situation droht vielen der zum Stillhalten Verurteilten den Verstand zu rauben, ihre Wut steigert sich ins Unermeßliche. Von der Ost-Seite werden Tränengasgranaten über die Mauer geschleudert. Die West-Berliner Polizisten schleudern sie zurück. Inmitten dieser bizarren Situation ist Peter Fechter dabei, sich in den schlammigen Dreck hinein auszubluten. Noch während dieses obszönen Tränengas-Duells stirbt er.

Im Sommer 1966 walzten zwei Ost-Berliner Handwerker die Mauer (die damals noch nicht so unüberwindlich wie die 1975 modernisierte Grenz-

Missglückter Fluchtversuch mit einer Planieraupe

mauer) mit einer 18-Tonnen Planierraupe nieder. Die Flucht wurde natürlich vorzeitig von den Grenzschützern bemerkt. Das Fahrzeug wurde von

38 Einschüssen durchbohrt. Einer der beiden Männer erhielt einen Schuss in den Kopf, aber er hatte Glück, die Kugel drang nicht sehr tief ein.

Mehreren jungen Männern gelang die Flucht am Checkpoint Charlie in der Verkleidung als US- Soldaten. **Und weil Uniformen immer schon ihre Träger unverdächtig gemacht haben, "türmten" drei Ost-Berliner als DDR-Grenzwächter verkleidet.** Die mutigen Medizinstudenten überquerten die Sektorengrenze in der im Außenbezirk nahe Wannsee gelegenen Enklave Steinstücken.

Auch die Ost-Berlin durchfahrenden S-Bahn-Züge wurden als Fluchtfahrzeuge genutzt. Nahe dem S-Bahnhof Friedrichstraße, wo die Züge in Richtung des ersten in West-Berlin gelegenen Bahnhofs, des

In die Freiheit mit der Bahn

Lehrter Bahnhofs (der heute Hauptbahnhof heißt), fuhren, verlief der Bahn-Viadukt dicht an den Ost-Berliner Häuserfronten. Diese geographisch einzigartig günstige Position nutzte eine Gruppe von zwölf Oberschülern aus. Sie warteten auf den nächsten Zug Richtung Westen. Als dieser mit gewohnt gedrosseltem Tempo an ihnen vorüberzuckelte, sprangen sie nacheinander auf die Waggondächer und waren schon zweieinhalb Minuten später in Sicherheit.

18. Fluchtaktionen

Am 20. Januar 1986 wollten die Besucher der Mauer, die auf der West-Berliner Seite auf einem der Aussichtspodeste am Checkpoint Charlie standen, ihren Augen nicht trauen. Bei dem, was sie zu sehen bekamen, stockte ihnen der Atem. Aus dem Hintergrund im Ostteil löste sich plötzlich eine Figur. Sie näherte sich mit weiten Sprüngen. In der hellen Wintersonne überrannte der 23jährige Fernmelde-Monteur Andreas Bratke den weißen Farbstreifen auf dem Asphalt, der hier am Übergang der Alliierten und ausländischen Besucher, die Sektorengrenze markierte. Über diese ihrer Schlichtheit wegen tolldreiste Aktion waren auch die Grenzschützer derart verblüfft, daß sie, als wären sie festgefroren, vollkommen bewegungslos blieben. Der Mann war auf Ost-Berliner Seite beauftragt gewesen, die elektrischen Sicherheitsanlagen zu überprüfen. Er aber prüfte etwas ganz anderes – in dem Moment, in dem die Grenzschützer ihn unbeobachtet ließen, legte er los.

Am Checkpoint Charlie

...und unterirdisch

Am 5. Oktober 1964 fand die größte und spektakulärste Fluchtaktion der gesamten Mauer-Geschichte ihren Abschluß.

Es war zugleich auch die umfangreichste aller Tunnelfluchten, die seit Errichtung der Berliner Mauer stattfanden. 57 Bewohner Ost-Berlins flohen in den Westteil der Stadt. Bei den Flüchtlingen, die unverletzt blieben, handelt es sich um 25 Männer und 31 Frauen und drei Kinder im Alter von drei bis 7 Jahren. Sie waren vom Abend des 3. Oktober an in mehreren Gruppen in die Freiheit gekrochen. Der 150 Meter lange Stollen führte von der Bernauer Straße 97 im Wedding zu einem Schuppen in der auf Ost-Berliner Gebiet liegenden Strelitzer Straße.

Durch diesen Tunnel konnten 57
Ost-Berliner Westberlin erreichen

18. Fluchtaktionen

Schon im April '64 hatten vier West-Berliner Studenten auf ihrer Seite mit Angehörigen der zur Flucht bereiten Ost-Berliner mit dem Bau des Tunnels angefangen. Dieser sollte bis zu 11 Meter unter der Erde mit einem Durchmesser von 50 bis 80 cm angelegt werden. Schon kurz nach Aufnahme der ersten Erdarbeiten ließen die Fluchthelfer sich über einen befreundeten Journalisten den Kontakt zu einem in West-Berlin stationierten Fernseh-Team knüpfen, das hauptsächlich für einen US-TV-Sender arbeitete. Die Filmer waren begeistert, setzten sich aber, indem sie die unterirdische Wühlarbeit nach Ost-Berlin mit der Kamera begleiteten, höchster Gefahr aus. Und mußten sich vor allem den Vorsichtsmaßnahmen der Fluchthelfer beugen - in einem verhangenen VW-Bus wurden sie täglich zum Einstiegsort gebracht, den sie nicht kennen durften, und mit verbundenen Augen zum Abstieg geführt, der geheim bleiben mußte. Jedes

Der Abstieg

Risiko, durch Verrat oder Unvorsichtigkeit aufzufliegen, sollte nach Möglichkeit ausgeschlossen werden. Zu viele Menschenleben standen auf dem Spiel...
Für die Exklusiv-Rechte an dieser einzigartigen Reportage zahlte die Fernsehgesellschaft NBC 12.000 Dollar. Geld, das die Fluchthelfer für ihr kostspieliges Unternehmen dringend benötigten. Der Durchbruch zum vorgesehenen Ausstieg auf Ost-Berliner Seite gelang Anfang September. Nun mußten unauffällig in Ost-Berlin die Fluchtwilligen benachrichtigt werden, die diesem Moment natürlich schon lange entgegenfieberten. Eine besonders riskante Aufgabe, Stoff genug für nervenfetzende Thriller. Eine junge Frau aus Westdeutschland wurde dafür ausgesucht, da Bürgern der Bundesrepublik im Gegensatz zu West-Berlinern der besuchsweise Aufenthalt in Ost-Berlin gestattet war. **Als Treffpunkt ist eine unscheinbare Kneipe vereinbart worden.** Das mit den dorthin beorderten Fluchtwilligen zuvor verabredete Zeichen: Die Kaffee-Bestellung und der Weinbrandt, den die Kurierin herunter kippte. Die Teilnehmer der ersten Gruppe begaben sich daraufhin getrennt voneinander in das nahegelegene Haus in der Schönholzer Straße. **Am Tunnelende erwartete sie bereits einer der Fluchthelfer mit in Anschlag gehaltener Maschinenpistole.** Mit den Schultern öffnete er die hinter ihm befindliche Kellertür. Nacheinander stiegen die Flüchtlinge hinunter in den Abgrund, gelangten in den Tunnel und bewegten sich über längere Strecken auf allen Vieren voran. Auf dieselbe Weise folgten die weiteren Gruppen.

Fluchttunnel-Eingang

Unmittelbar vor dem geplanten Ende des Unternehmens bemerkten am 5. Oktober gegen 0.30 Uhr drei DDR-Soldaten vier mit Pistolen bewaffnete Männer, die kurz zuvor in dem Haus an der Schönholzer Straße die letzten der Flüchtlinge auf den Weg gebracht haben. Sofort eröffneten die Soldaten das Feuer. **Es entwickelte sich ein wilder Schußwechsel, bei dem ein 21jähriger Soldat getötet wurde.** Während die DDR-Behörden von "Mord" redeten, sprachen offizielle Stellen in West-Berlin von einem Akt der "Notwehr".

Die Todes-Grenze: Perfektioniert für's 21.Jahrhundert

1976 errichtet das DDR-Regime zwischen dem Brandenburger Tor und Potsdamer Platz eine parallel zur innerstädtischen Grenze verlaufende zweite Mauer. Und die Perfektionierung der Spaltungsanlage wird unerbittlich vorangetrieben. Seitdem am 16. August 1961 damit begonnen worden war, die Stacheldrahtverhaue durch eine Mauer zu ersetzen, wurde die Grenze um West-Berlin zusehends undurchdringlicher.

Die Mauer werde "noch in 50 oder 100 Jahren bestehen, wenn sich nicht die Bedingungen geändert hätten, die zu ihrer Errichtung führten"

(verkündete Erich Honecker noch am 19. Januar 1989 in Ost-Berlin)

Seit den 70er Jahren besteht die 165,7 km lange Grenze um West-Berlin aus einem tiefgestaffelten System von Sperranlagen. Es beginnt mit einer 3,5 m hohen Betonplatte. Dahinter verläuft ein beleuchteter Kontrollstreifen (Todesstreifen). Flüchtlinge, die ihn bereits erreicht haben, werden hier ohne Vorwarnung beschossen. Es folgt ein Graben, der den Durchbruch von Fahrzeugen verhindern soll. Danach kommen ein Patrouillenweg, Hundelaufleinen, Wachtürme und Schutzbunker. Dahinter bildet in der Regel eine zweite Mauer den Abschluß der Sperren.

...von teuflischer Präzision

Mauerverlauf am
Potsdamer Platz

Der Geheimplan zur Erstürmung West-Berlins

Nach der Spaltung Berlins, Deutschlands, der halben Welt, bereiteten sich die Machthaber der DDR auf die gewaltsame Übernahme West-Berlins vor. Diese Tatsache ist belegt durch ein Dokument mit der umständlichen Bezeichnung "Linienspezifische Aufgaben der BV" (Bezirksverwaltung Berlin des Ministeriums für Staatssicherheit), das nach dem Mauerfall entdeckt wurde. Es ist am 5. August 1985 von Generalleutnant Schwanitz, damals Stellvertreter von Stasi-Chef Erich Mielke, unterzeichnet worden und steckt voller Überraschungen.

Marschbereit

Obwohl mit dem 4-Mächte-Abkommen (der Alliierten) und dem Grundlagen-Vertrag die Unantastbarkeit West-Berlins und des ungehinderten Zugangs durch die die "Insel" umschließende Sowjetzone – bzw. der 1949 gegründeten DDR - festgeschrieben war, hatten die kommunistischen Machthaber in Moskau und Berlin-Pankow ihre Besitzansprüche nie aufgegeben. Im Gegenteil: Insgeheim ordneten sie Übungen zur Erstürmung und Vereinnahmung West-Berlins an. Dem aufgefundenen Dokument zufolge sollten unmittelbar nach der Vereinnahmung der "Insel" 13 Dienststellen der Geheimpolizei dort eingerichtet werden, die in engstem Kontakt zu den Kommandostellen der Sowjetarmee und der Nationalen Volksarmee (NVA)

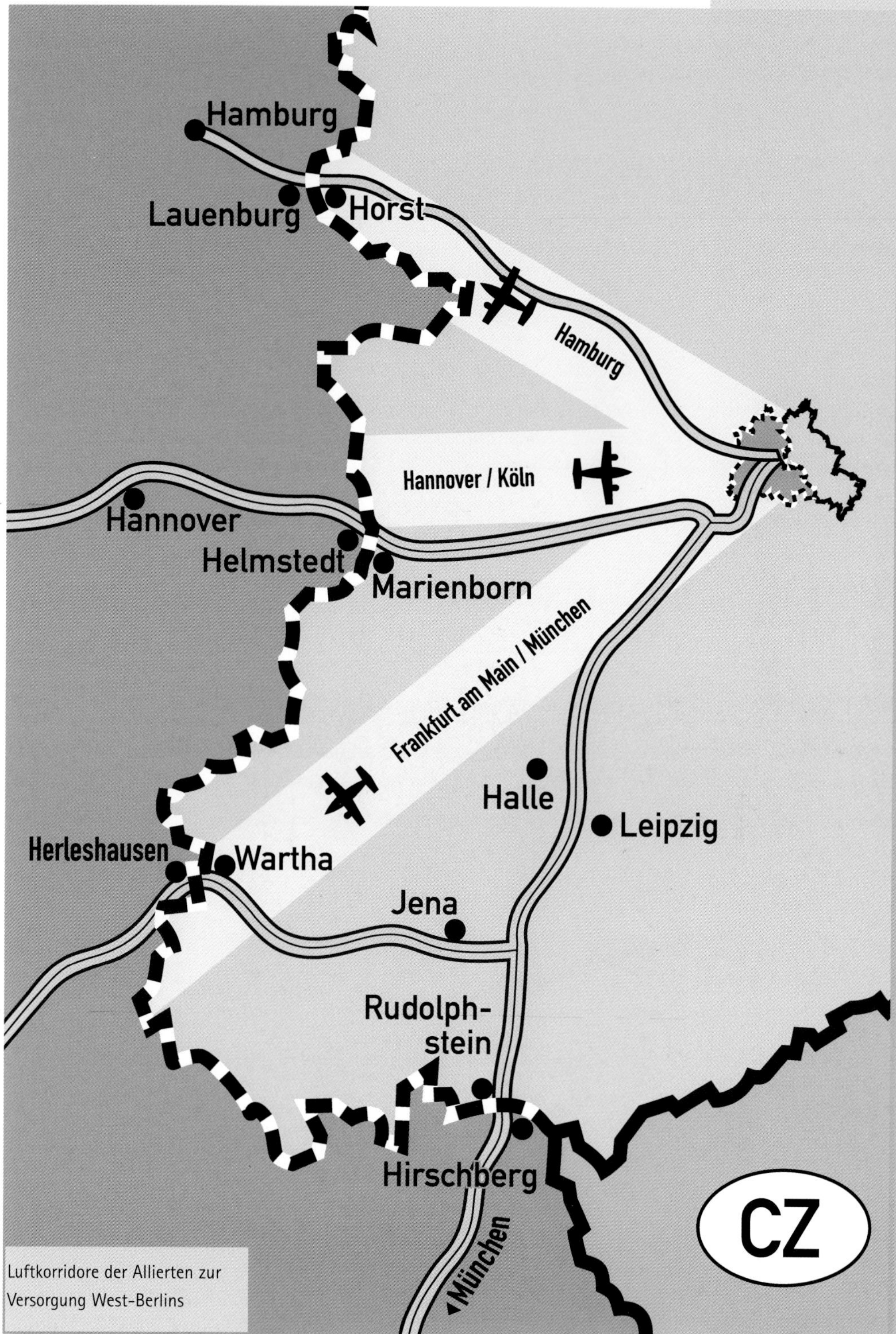

Luftkorridore der Allierten zur Versorgung West-Berlins

zu stehen hatten. Im Anschluß darauf sollte das West-Berliner Stadtgebiet in zwei Sektoren geteilt werden, und zwar in dem Moment, in dem sich die aus verschiedenen Richtungen vorstoßenden Keile der NVA-Truppenverbände an der Kaiserdammbrücke in Charlottenburg treffen würden. Die West-Berliner Flughäfen Tempelhof und Tegel wären aus der Luft erobert worden.
Für mehrere Divisionen, Regimenter und Spezialeinheiten lagen alle notwendigen Einsatzpläne vor. Mit einer gefährlichen Abwehr wurde nicht gerechnet, die Allierten hatten lediglich 12.000, - die Bereitschaftspolizei 6.000 Mann unter Waffen, die NVA wollte bei ihrem Blitzangriff 32.000 Soldaten einsetzen. Auf einem Truppenübungsplatz der Nationalen Volksarmee nahe dem Grenz-Kontrollpunkt Dreilinden waren bereits praktische Vorbereitungen für die Überwältigung West-Berlins eingeleitet worden.

Die Soldaten übten den Einmarsch und die Besetzung der strategisch wichtigsten Plätze in einem hier aufgebauten Miniatur-Modell mit Häusern, Straßenzügen, imitierten U-Bahn-Zugängen, Industriegebieten und Flußufern.
Schon Jahre vorher – im Mai 1978 – hatte die Abteilung "Aufklärung" des Staatssicherheitsdienstes einen Katalog der 170 "bedeutsamen Schwerpunkte" West-Berlins zusammengestellt. Diese Aufstellung war in die Schwanitz-Akte eingebaut worden. Daraus ging hervor, daß am Tage des

Einmarsches in West-Berlin als erstes das Schöneberger Rathaus (Regierungssitz des Senats), und der "SFB- Sender Freies Berlin" am Funkturm, das Axel-Springer-Verlagshaus an der Kochstraße und das Polizeipräsidium, die Fernmeldeämter, alle Versorgungseinrichtungen (wie Gas- und Wasserwerke und die riesigen Lebensmittellager) besetzt werden.

Zur Unterbringung der verhafteten Personen plante man die Errichtung einer Art von Konzentrationslagern, im Schwanitz-Dossier verniedlichend als Stätten "zur Verwahrung feindlicher Kräfte" umschrieben. Zu den sofort dort unterzubringenden Personen zählten die Führungskräfte des West-Berliner Senats, Mitarbeiter der Geheimdienste, Geheimnisträger aus der Wirtschaft, Wissenschaft und Technik und – nicht zuletzt – Verleger und Journalisten, die ihrer antikommunistischen Gesinnung wegen bekannt waren.

Alle Geldmittel in Banken und Depots sollten eingezogen werden, und es war geplant, ein Besatzungsgeld einzuführen, das in der Schwanitz-Akte als "Militärgeld" bezeichnet wird. Der Erich Mielke unterstehende Staatssicherheitsdienst (Stasi) plante im besetzten West-Berlin mit 604 hauptamtlichen Mitarbeitern vertreten zu sein. Ein Fünftel dieser "Spezialisten" wären Offiziere gewesen. Für das aufspüren "feindlicher Kräfte" wollten Mielkes Strategen in West-Berlin "Inoffizielle Mitarbeiter" der Staatssicherheit einschleusen, in Firmen, Behörden, Krankenhäuser, überall, aber es war auch vorgesehen "IM's" in Kreisen der Bevölkerung West-Berlins anzuwerben, Leute, die gesellschaftlich und beruflich Vertrauensstellungen innehatten und ihre vertraute Umgebung besonders effizient bespitzeln würden.

Die Mauer wankt

Die Ständige Vertretung der BRD in Ostberlin

Am 20. Januar 1984 kommt es zu einem dramatischen Ereignis im diplomatischen Raum. Während in Ost-Berlin die Grenzbefestigungen perfektioniert werden und am Brandenburger Tor die Mauer verdoppelt wird, bitten sechs DDR-Bürger in der US-amerikanischen Botschaft in Ost-Berlin um politisches Asyl. Sie erklären, das Gebäude nicht freiwillig verlassen zu wollen.
In Schreiben an US-Präsident Ronald Reagan und den DDR-Staatsratsvorsitzenden Erich Honnecker unterstreichen sie ihre Forderung, die DDR verlassen zu können. Nach zweitägigen intensiven Verhandlungen erhalten die Flüchtlinge eine Ausreiseerlaubnis. Sie verlassen den Ostteil der Stadt in Begleitung eines hohen Vertreters der Bundesrepublik Deutschland am 22. Januar über den Grenzübergang Invalidenstraße. Im Juni dieses Jahres halten sich insgesamt 55 DDR-Bürger in der Ständigen Vertretung der Bundesrepublik Deutschland in Ost-Berlin auf. Das Gebäude muß am 27. Juni zeitweilig für den Besuchsverkehr geschlossen werden.

Bis zum 5. Juli verlassen die meisten der Flüchtlinge die Vertretung, einige von ihnen hatten dort bereits seit Monaten ausgeharrt.

Am 7. Mai 1989 wurden die Kommunal-Wahlen durchgeführt. Sie verlaufen so, wie es die Regime-Gegner befürchtet hatten. Nach offiziellen Angaben stimmen 98,63 % der Bevölkerung für die Einheitsliste der Nationalen Front. Das wäre eine selbst für SED-Funktionäre recht überraschende Bestätigung der DDR-Innenpolitik.

Das absolut Böse feiert sich selbst

Angesichts des großen und fast täglich wachsenden Potentials der mit den Verhältnissen in der DDR unzufriedenen Bürger werden Zweifel an diesem Ergebnis laut. Der Vorwurf ist, daß bei der Auszählung der Wahlstimmen betrogen wurde. Bürgerrechtsgruppen, die in mehreren Bezirken die Auszählung beobachtet haben, sprechen offen von staatlich organisierter Wahlfälschung. Ihre spontan ausgerufene Demonstration auf dem Alexanderplatz wird von einem massiven Aufmarsch staatlicher Sicherheitskräfte im Keim erstickt.

Michail Gorbatschow:
...zischte durch die Zähne

Am 6. Oktober 1989 feiert - ungeachtet der explosiven innenpolitischen Lage - die Staatsführung sich selbst. Sie begeht den 40.Jahrestag der Gründung der DDR. An dem vielteiligen Festakt nimmt als Ehrengast auch der sowjetische Parteichef Michail Gorbatschow teil. Er war für alle, die in Freiheit leben wollten, zum Hoffnungsträger geworden. Am Abend der Feierlichkeiten dieses Tages marschierten 100.000 Mitglieder der "Freien Deutschen Jugend" (FDJ) mit Fackeln an der Haupttribüne vorbei, auf der Gorbatschow neben den führenden SED-Funktionären und Parteichefs der Ostblockstaaten Platz genommen hatte. Für Honecker war diese Situation der unvorhergesehene Anfang vom blitzschnellen Ende seiner Karriere. Nicht ihm, sondern dem Gast aus Moskau jubelten die Menschen zu. Nicht enden wollende "Gorbi! Gorbi!" - Rufe überschwemmten die Szene. Die gleiche Begeisterung erfuhr der sowjetische Erneuerer schon während seiner - an diesem und dem Vortage – vorangegangenen Auftritte. Im Anschluß an die Jahrestag-Feierlichkeiten traf er mit Honecker im Schloß Niederschönhausen zu einem Gespräch "Unter vier Augen" zusammen. Was beide sich zu sagen hatten, ist nicht bekannt. Danach jedoch wurde ein Treffen mit den Mitgliedern des SED-Politbüros arrangiert, bei dem die Verantwortlichen des SED-Regimes die Aussichtslosigkeit ihrer Lage erkannten. Honecker hatte die Perestroika-Politik Gorbatschows als überflüssig für die DDR bezeichnet, sein Staat hätte die geforderten Reformen nicht nötig, zumal die entscheidenden Veränderungen bereits eingeleitet seien. Noch ehe Honecker ausgesprochen hatte, erhob sich Gorbatschow von seinem Stuhl. Sprachlos schaute er seinem Gastgeber lange ins Gesicht, zischte durch die Zähne und verließ den Saal.

Aufmarsch der
"FDJ-Freien Deutschen Jugend "

Die sofortige Entmachtung des Staatschefs Honecker war die unvermeidliche Konsequenz dieser Vorgänge. Die Mitglieder des Politbüros der SED nahmen sich vor, ihren Chef zum Rücktritt zu zwingen. Als Vertreter der "Jungen Wilden" hatten sich Egon Krenz, ehemals FDJ-Führer, und Günther Schabowski zuvor vom sowjetischen Botschafter versichern lassen, daß der "Große Bruder" bei der geplanten Palastrevolution stillhalten wird.

Erich Honecker:
zum Rücktritt gezwungen

Am 17. Oktober war es soweit. Die 21 Mitglieder des Politbüros, die an der Sitzung teilnahmen, wollten die Entscheidung. In dem Augenblick, in dem Honecker sich nach seiner üblichen Eröffnung anschickte, zur "Tagesordnung" überzuleiten, wurde er angegriffen. Ministerratspräsident Willi Stoph schlug eine Änderung der Tagesordnung vor. An erster Stelle sollte eine Diskussion über Honeckers Ablösung stehen. Mit eisigem Gesicht verfolgte Honecker seine politische Hinrichtung, ohne sich noch zu wehren. Nach der dann durchgeführten Abstimmung erklärte Honecker seinen sofortigen Rücktritt.

Egon Krenz:
"Der Wolf der Kreide fraß"

Am 4. November, dem Tag, von dem später viele behaupten, daß hier der Fall der Mauer begann, geschieht etwas, was kein DDR-Bürger bis dahin für möglich gehalten hatte. Was niemand hier als Möglichkeit vor wenigen Monaten auch nur auszusprechen gewagt hätte: Auf dem Alexanderplatz erlebt die Bevölkerung die größte Massenkundgebung seit Bestehen ihres Staates.

Massenkundgebung auf dem Alexanderplatz:
"Das Volk sind wir!"

...denn sie wissen nicht was sie tun:
Kinder als Demonstranten

Die Schriftsteller Christa Wolf und Stefan Heym *(der nach dem Mauerfall zum Alterspräsidenten des Bundestages gewählt wird)* steigen auf das Podium, nehmen das Mikrophon und sprechen über die aufgestellten Lautsprecher aus, was Millionen Menschen in der gesamten DDR bis dahin nur zu denken gewagt haben.

Aber noch gibt die Staatsmacht sich nicht geschlagen. Zwar erkennt sie, daß sie gegen diese Masse von Menschen nicht mit Gewalt vorgehen kann, doch versucht sie, die Situation durch ihre Propagandisten unter ihre Kontrolle zu bekommen. Repräsentanten der Staatsmacht steigen auf das Podium, greifen nach dem Mikrophon...
Mit dabei auch Günther Schabowski, Chef der Bezirksleitung Berlin der SED und Markus Wolf, der frühere Spionagechef der DDR, sie wollen Ansprachen halten, werden jedoch von der Menge lautstark unterbrochen und ausgepfiffen.

Hatte - die sonst allwissende - Stasi die "Wende" verschlafen? Die ersten Signale der sich anbahnenden Ereignisse konnten schon Anfang 1989 beobachtet werden. Die berühmt gewordenen "Montags-Demonstrationen" in Leipzig blieben nicht fruchtlos. Immer mehr Zulauf erhielten die sich gegen das SED-Regime erhebenden Bürgerrechtler. Und Hunderttausende Ausreiseanträge wurden gestellt. Flüchtende überschwemmten schutzsuchend die westdeutschen Botschaften in Budapest und Prag. Dennoch analysierte die Stasi diese Anfänge zu spät. Offenbar glaubte sie zu lange, daß die Sowjets dem Spuk bald ein Ende bereiten werden, wahrscheinlich hofften sie auf eine gewaltsame Beendigung dieses staatsauflösender Entwicklung. Möglicherweise spekulierten sie, daß der Westen eine militärische Auseinandersetzung nicht eingehen würde, daß auch die Amerikaner - wie schon zum Bau der Mauer - nach artigem Zelebrieren einiger von Theaterdonner begleiteten Drohgebärden eine erneute Abriegelung akzeptieren werden.

Am 9. September 1989 setzte die Stasi sich - viel zu spät - nur noch mit den Gründen der drohenden "Wende" auseinander. An erster Stelle stand der Einfluß der ideologischen Diversion des Gegners über dessen Massenmedien, dann wurden - unter anderem - die negativen Einflüsse durch den (infolge der Passierscheinabkommen in Gang geratenen) Besucherverkehr genannt

Am 7. November sandte der Minister für Staatssicherheit, Erich Mielke, eine als "Streng geheim" betitelte Zusammenfassung der Lageeinschätzung an einen kleinen Kreis ausgewählter SED-Funktionäre Auch dieses Dokument zeigt die absolute Hilflosigkeit der Stasi. Mielke lamentiert über die anschwellenden Demonstrationen. Für die Woche vom 30. Oktober 1989 bis zum 5. November stellte er fest: "Nach vorliegenden Hinweisen beteiligten sich über 1,35 Millionen Menschen an mehr als 210 Demonstrationen, Kundgebungen u.ä. Veranstaltungen" Allein über eine Million an der Demo auf dem Berliner "Alex". In der Vorwoche - so Mielke - habe man bei "145 vergleichbaren Veranstaltungen "lediglich" 540.000 Teilnehmer gezählt.

Das Böse auf den Barikaden: "DDR"-Grenzschützer auf der Mauer am Brandenburger Tor

Der Zettel der die Welt veränderte

Der 9. November 1989 gehört zu den wichtigsten Daten der Geschichte Europas. Alles, was am Abend und in der darauf folgenden Nacht in Berlin geschah, hielt die Welt in Atem:

Zwischen 18.00 und 19.00 Uhr empfängt Günther Schabowski, Mitglied des Politbüros der SED, wie an jedem der Sitzungstage des Partei-Zentralkomitees, Journalisten aus aller Welt im Internationalen Pressezentrum. An diesem Abend teilt Schabowski am Ende der vom Fernsehen live übertragenen Konferenz in scheinbarer Gelassenheit das Ungeheuerliche mit: Er verkündet, daß die DDR-Regierung sich entschlossen habe, eine Regelung zu treffen, die "*die ständige Ausreise regelt, also das Verlassen der Republik*". Dann sieht die Welt den Zettel in Schabowskis Hand, von dem er die neue Reiseregelung, die der Ministerrat beschlossen habe, abliest. DDR-Bürger sollen Ausreisen und Privatreisen beantragen können, ohne daß die bis dahin geforderten Voraussetzungen vorliegen. Die Genehmigungen würden dann kurzfristig erteilt werden. "*Wann tritt das in Kraft?*" fragt jemand. Schabowski wirft einen Blick auf seine Papiere, dann antwortet er, leicht zögernd und mißverständlich:

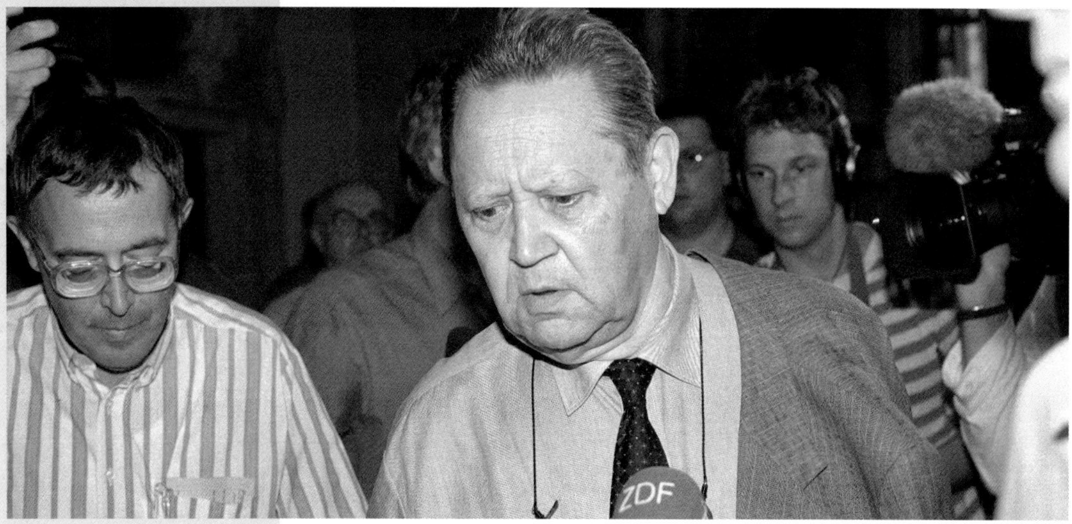

Günter Schabowski beim Verlassen der Pressekonferenz am 9. November 1989

"Sofort, unverzüglich!"

Diese zwei Worte "*Sofort, unverzüglich*" hätte Schabowski auf der Stelle relativieren müssen; Hätte präzisieren müssen, daß der Beschluß ab sofort gilt, dessen Umsetzung allerdings nur im Rahmen bestimmter Regeln erfolgen wird. Diese Klarstellung versäumte er. So haben nur zwei Worte noch an diesem Abend einen nie zuvor in Deutschland erlebten Volkssturm losgebrochen, eine Lawine, die nicht mehr aufzuhalten war.

Keine Begeisterung bei George Bush

So wenig wie in Ost-Berlin und in Moskau, war der Fall der Mauer in West-Berlin, Bonn und Washington vorausgesehen worden. Wie die sowjetische, so verfolgte auch die US-Botschaft in Ost-Berlin die Entwicklung im Fernsehen.

George Bush:
Nichts vorausgesehen...

Im Anschluß an Schabowskis Pressekonferenz gegen 22.00 Uhr, traf ein Anruf des US- Gesandten (Harry Gilmore) in der US-Botschaft ein. Wann die Regelung wohl in Kraft treten würde und wann mit dem ersten Ansturm von Ost-Berlinern nach West-Berlin zu rechnen sein werde, fragte er. Da Schabowski auf die Visumspflicht hingewiesen habe, und Visa sofort erteilt werden sollten, entgegnete der Botschaftssekretär, mit dem Ansturm sei zu rechnen, sobald am nächsten Morgen die Meldestellen der Volkspolizei öffneten. Diese Information leitete Gilmore sofort nach Washington an das US-Außenministerium weiter.

Der amerikanische Präsident räumte kurz darauf seine Überraschung ein: "*Wir haben damit gerechnet, aber ich kann nicht sagen, daß ich diese Entscheidung vorausgesehen hätte!*" Daß George Bush nicht gerade euphorisch reagierte, hatte einen zwingenden Grund.: Zwar war der US-Administration von den Sowjets rechtzeitig versichert worden, sie würden nicht beab-sichtigen, dem Reformprozess mit Gewalt zu begegnen, doch durften die Amerikaner sich nicht allein deswegen schon in Sicherheit wiegen. Daß diese Zusicherung auch eine Duldung der unvorhersehbaren und völlig überraschenden Öffnung der Mauer oder sogar deren nun nicht mehr unvorstellbaren Fall einschloß, war vorerst reines Wunschdenken.

In Bonn, dem Regierungssitz der Bundesrepublik, behandelt der Deutsche Bundestag an diesem Abend den Entwurf eines "Vereinsförderungs-Gesetzes", Plötzlich tritt ein CSU-Abgeordneter mit einer der ersten Eilmeldungen der Deutschen Presse-Agentur (dpa) ans Rednerpult. Er liest die Nachricht von Schabowskis Pressekonferenz vor: "*Ab sofort können DDR-Bürger über die Grenzstellen zwischen der DDR und der Bundesrepublik ausreisen!*" Die Abgeordneten applaudierten minutenlang. Dann jedoch setzten sie ungerührt ihre Debatte über die Erleichterungen des Vereinswesens fort. Die Ungeheuerlichkeit dieser Nachricht haben sie offensichtlich noch nicht durchschaut.

Die Bundesregierung: Die Ungeheuerlichkeit der Nachricht nicht durchschaut

Erst nach einer weiteren Unterbrechung dieser wenig wichtigen Debatte – um **20.46 Uhr** – verliest Kanzleramtsminister Seiters zu der zuvor gehörten Pressemitteilung eine erste, mit Bundeskanzler Helmut Kohl in aller Eile abgestimmte, Regierungserklärung: Mit erstaunlicher Sachlichkeit stellte Seiters fest, daß mit der Freigabe von Besuchsreisen und Ausreisen "*erstmals Freizügigkeit für die Deutschen in der DDR hergestellt werde.*" Alle Fraktionen stimmen darin mit ihm überein, daß es das Ziel der DDR-Regierung sein müsse, durch freie Wahlen die Bereitschaft, in der DDR zu bleiben, zu stärken und die sich ankündigende Übersiedlung in den Westen zu stoppen. Niemand hier verrät mit auch nur einem einzigen öffentlich gesprochenen Wort, daß die Deutsche Demokratische Republik wohl unmittelbar vor ihrer Auflösung steht. Wahrscheinlich hegen viele hier die Furcht, gänzlich unvorbereitet überrannt zu werden. Die Abgeordneten erheben sich und stimmen die Nationalhymne an.

„Das ist ja unfaßbar!" stöhnt Kohl

Bundeskanzler Helmut Kohl sitzt mit dem polnischen Ministerpräsidenten Mazowiecki gerade beim Abendessen, als ihn der entscheidende Anruf erreicht. Am Telefon meldet sich sein Berater Eduard Ackermann, der an

Bundeskanzler Helmut Kohl: "...ist ja unfassbar!"

diesem Abend im Kanzleramt noch im Dienst ist: "*Herr Dr. Kohl", halten Sie sich fest*", beginnt er. "*Die DDR-Leute machen die Mauer auf!*" Kohl glaubt ihm kein Wort. "*Sind Sie sich sicher, Ackermann?*" Der berichtet daraufhin, eine Menge Ost-Berliner seien bereits in West-Berlin eingetroffen. "*Das gibt's doch nicht! Sind Sie wirklich sicher?*" Ackermann: "*Das Fernsehen überträgt es life, ich kann es mit eigenen Augen sehen!*" Kohl kann es noch immer nicht begreifen: "*Das ist ja unfaßbar...!*"

Die Nachricht von der offenen Mauer verbreitet sich währenddessen überall in Deutschland. In Berlin herrscht der Ausnahmezustand: in den Häusern, in den U- und S-Bahnen, den Omnibussen und in allen Straßen fragte jeder jeden: "Schon gehört? Wir dürfen ‚rüber'!"

Die Mauer ist gefallen – Berlin wiedervereinigt

Die Mauer ist weg!

JEDER darf ab sofort durch!
Deutschland weint vor Freude.
Die ersten sind schon da!
Wir reichen uns die Hände!

B.Z.

Berlin ist wieder Berlin!

Alle DDR-Grenzen zum Bundesgebiet offen – und alle Übergänge nach West-Berlin offen!

Die Westberliner Masenpresse: Ganz aus dem Häuschen...

Es war noch nicht ganz 22.00 Uhr an diesem Abend, als die ersten Massen herandrängender Ost-Berliner den ersten Durchbruch erzwingen. Die Grenzkontrollstellen sind jedoch noch nicht informiert worden. Angesichts des Ansturms am Übergang Bornholmer Straße entschließt sich gegen 23.15 Uhr ein Hauptmann der Grenztruppen zu eigenmächtigem Handeln. Weil seine Vorgesetzten ihn trotz wiederholter Nachfragen im Stich lassen, gibt er den Befehl zur Öffnung der Grenze in eigener Verantwortung. An anderen Grenzübergängen Berlins spielen sich ähnliche Szenen ab. Sechs Stunden später stehen alle offiziellen Grenzübergänge Berlins offen. Tausende tanzen vor Freude. Alle Radio- und Fernsehstationen senden Live-Reportagen. Bis in die frühen Morgenstunden hört man die Karawanen knatternder Trabis der "Ossis", die in Richtung Kurfürstendamm rollen. Und auch die erst jetzt aus dem Schlaf gerissenen Westberliner wollen dieses Ereignis nicht verpassen. Lachend und weinend fallen sie ihren Schwestern, Brüdern, Eltern, Kindern, Freunden und wildfremden Leuten in die Arme. Herzen und streicheln und küssen sich. Überschwenglich oder zitternd und ganz aufgelöst.

"Waaaahhnsinn!"

Bis in die frühen Morgenstunden feiert Berlin seine Wiedervereinigung. – Auf der offenen Terrasse des "Möwenpick" im Europa-Center, vis a vis der Gedächtniskirche, und in unzähligen anderen Cafes und Bars klirren die Sektgläser. "Is ja Wahnsinn!" ist überall zu hören – "Wahnsinn": in dieser Nacht das meistgebrauchte Wort, da, wo es einem die Sprache verschlägt. Auch hartgesottene haben einen Kloß im Hals, Abgebrühte kämpfen mit ihren Tränen. Während das Volk feiert, herrscht im Politbüro der SED eine andere Stimmung; die Bonzen zerbrechen sich ihre Köpfe – es wird gerätselt, wie dieses Mißgeschick geschehen konnte. Ratlos auf der Suche nach einem Verantwortlichen fragt Honecker-Nachfolger Egon Krenz: "*Wer hat uns das bloß eingebrockt?*" (bevor er sich – wie Schabowski – die Heldentat der Entscheidung zur "Öffnung der Grenze" ans eigene Revers heftet).

Grenzübergang Invalidenstraße am 9. November 1989

Entfesselte Gefühle...

Menschenmassen im Fieber
der Vereinigung

Szenen eines wirklichen Wunders

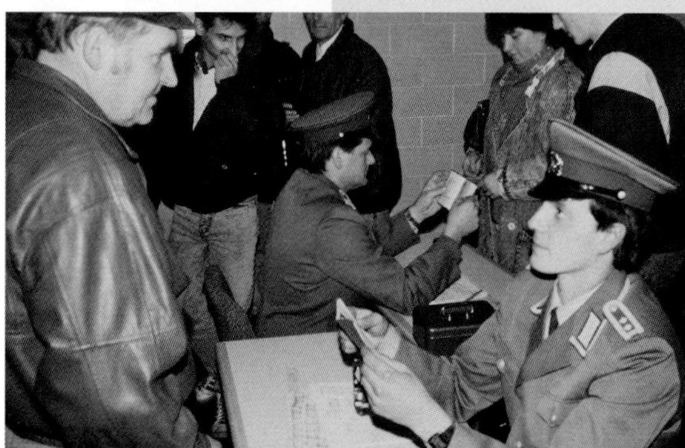

Die neue Führung ringt um Fassung:

Egon Krenz in einer seiner letzten Krisensitzungen

"Daß mit der Maueröffnung das Ende der DDR seinen Anfang nahm, ahnten wir nicht, Im Gegenteil, wir haben einen Stabilisierungsprozeß erwartet, der sich zunächst ja auch einstellte", gab Günter Schabowski, der unter Egon Krenz für Pressefragen des SED-Politbüros zuständig war, in späten Interviews zu.

Die neue Führung der DDR unter Krenz hatte die Öffnung ihrer Grenzen in dieser Weise nicht gewollt. Die DDR-Führung beabsichtigte eine allmähliche Lockerung der Ausreisebestimmungen. Dazu war sie entschlossen. Sie erkannte, daß Ost-Berlin mit einem unter Überdruck stehenden Wasserkessel zu vergleichen ist, aus dem sofort Dampf abgelassen werden muß

Egon Krenz:
"...ahnten wir nicht!"

Sehr vorsichtig und nur portionsweise, damit der Inhalt nicht verschütt geht. Wie die erlösten Menschenmassen dann aber die Mauer niederrennen werden und schließlich nichts mehr vom Inhalt des "Topfes" aufzuhalten ist, und daß auch nichts davon zurückkehren wird, in den "Topf", ...das haben die Herrschenden in ihrer ideologischen Verblendung allerdings nicht vorausgesehen. Sie haben die Folgen der in Gang gekommenen Entwicklung schlicht unterschätzt.

Ein letzter Versuch

Armeegeneral Heinz Keßler sah sich vor dem Zusammenbruch seines Lebenswerkes. In seinem Manuskript schrieb er, daß die West-Berliner und BRD-Politiker offenbar eine "Volksbewegung zur Überwindung der Grenze zwischen beiden deutschen Staaten" gewollt haben, und dazu "*eine beispiellose Massenpsychose*" schürten. Nun komme es darauf an, "*jeden Befehl der Arbeiter- und Bauernmacht ehrenvoll*" zu erfüllen, - "*vor allem in dem Bewußtsein, damit die Existenz unseres Staates und den Frieden in Europa zu erhalten.*"

Armeegeneral Heinz Keßler: "...beispiellose Massenpsychose!"

Am 11. November 1989 gegen 10.00 Uhr rief Keßler den Chef der Landstreitkräfte an. Er fragte: "*Bist Du bereit, mit zwei Regimentern nach Berlin zu marschieren?*"
"*Ist das eine Frage oder ein Befehl ?*" fragte dieser, fügte hinzu: "*Als ich gestern an der Mauer vorbei kam, lief doch alles friedlich ab..... Habt ihr euch die Konsequenzen überlegt?*"
Keßler wandte ein: "*Man hat die Mauer besetzt.*"
Stechbarth wiegelte ab und Keßler knickte ein.
Unmittelbar darauf erhielt der Kommandeur des Artillerieregiments der 1. Schützendivision Entwarnung. Der Divisionskommandeur hob die Erhöhte Gefechtsbereitschaft auf.

Bis 18.00 Uhr abends wurden die 179 Hundertschaften der Nationalen Volksarmee aufgelöst. Als am nächsten Tag gegen 14.00 Uhr der West-Berliner Polizeipräsident mit dem stellvertretenden Kommandeur des Grenzkommandos Mitte am Checkpoint Charlie zusammentraf, war die Gefahr einer militärischen Intervention von Seiten der DDR ausgeräumt.

Das Märchen von der "Siegerjustiz"

Die Gesamtzahl aller Opfer ist umstritten, die eine Seite drückt sie herunter, andere setzen ihr noch etwas hinzu. Aber kaum weniger als 1.070 Menschen haben an der Mauer und der innerdeutschen Grenze ihr Leben verloren, weil sie der DDR den Rücken kehren und in den Westen fliehen wollten. Wahrscheinlich über 1000 weitere Menschen wurden bei ihren Fluchtversuchen zum Teil lebensgefährlich verletzt. Viele tausend weitere Opfer, deren Fluchtversuch scheiterte, waren zu barbarischen Haftstrafen verurteilt worden, und unzählige in der DDR lebende Angehörige dieser Gefangenen wurden jahrelang bespitzelt, denunziert und schikaniert. Hunderttausende Familien in Ost- und West waren gewaltsam auseinandergerissen worden und blieben für mehr als dreißig Jahre getrennt voneinander. Lebenswege wurden ruiniert, Schicksale verbogen.

Einige der Mauer-Verbrecher wurden vor Gericht gestellt, sie und ihre unverbesserlichen Weggenossen erfanden nun das Märchen von der "Siegerjustiz", der sie sich ausgeliefert fühlten. Kein neues Märchen war da zu hören, denn überall, wo eine Terror-Diktatur am Boden in Trümmer zerfiel, klang es ähnlich, in Deutschland zum vorletzten Mal 1946, als sich im Nürnberger Prozeß die Spitzenfunktionäre des Nazi-Terrors verantworten mußten.

Regalgang der Stasi-Behörde

Erich Mielke, "DDR"-Minister für Staatssicherheit: Aus "gesundheitlichen Gründen" verschont

Am 20. Januar 1992 wurde das Urteil im ersten einer Reihe von "Mauerschützen-Prozessen" verkündet. Vier ehemalige Grenzsoldaten waren angeklagt worden, im Februar 1989, also noch unmittelbar vor dem Fall der Mauer, den 20jährigen Chris Gueffroy beschossen und tödlich verletzt zu haben. Der Hauptangeklagte Ingo H. wird wegen Totschlags zu dreieinhalb Jahren Haft verurteilt, die er verbüßen soll. Der Mitangeklagte erhält eine Haftstrafe von 16 Monaten, die zur Bewährung ausgesetzt wird. Beide legen gegen ihr Urteil Revision ein, und in der darauf folgenden Verhandlung gelangt auch der Hauptangeklagte in den Genuß der Gnade, sein Urteil wird herab - und ebenfalls zur Bewährung ausgesetzt - und in den gefüllten Zuschauerbänken entsteht Unruhe...

Im November 1992 wurde der erste Strafprozeß gegen ehemalige DDR-Politiker eröffnet. Der Staatsratsvorsitzende Erich Honecker, der frühere Stasi-Chef Erich Mielke, der frühere Ministerpräsident Willi Stoph und der frühere Verteidigungsminister Heinz Keßler und sein Stellvertreter Fritz Streletz mußten sich ihrer eigenen Verantwortung für die Mauertoten stellen.

Ein für die Ankläger mühseliges Verfahren, das nicht nur endlos, sondern auch aussichtslos schien. Gegen die Angeklagten Honecker, Stoph und Mielke mußte es ziemlich bald schon eingestellt werden, da eine Fortführung aus gesundheitlichen Gründen für die Angeklagten unzumutbar schien. Die übrig gebliebenen Angeklagten erhielten im September 1993 Haftstrafen zwischen fünf und siebeneinhalb Jahren.

24. Siegerjustiz

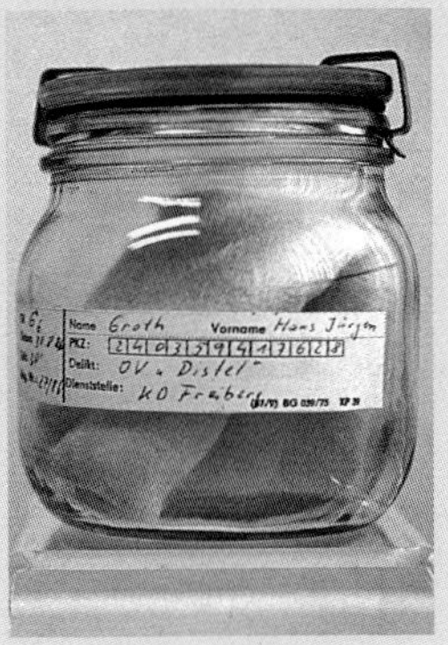

Geruchsproben von Verdächtigen

Das Gericht sah in ihnen nicht nur "Anstifter" sondern "mittelbare Täter", und der Bundesgerichtshof verwarf 1996 ihr Revisionsbegehren, indem er feststellte, daß die Angeklagten sich nicht haben darauf berufen dürfen, die Grenze der DDR sei militärisches Sperrgebiet gewesen und sie hätten sich nach DDR-Recht nicht strafbar gemacht. Dies würde nicht gelten, wenn die Staatsmacht die Strafbarkeit "*schwersten kriminellen Unrechts ausschließt (...) und so die in der Völkergemeinschaft allgemein anerkannten Menschenrechte in schwerwiegender Weise mißachtet*".

Vor diesem höchstrichterlich bestätigten Grundsatz hatten auch einige der weiteren Mauer-Verbrecher vor ihren Strafrichtern keine Chance, sich noch weiter herauszureden. Zu hohen Haftstrafen verurteilt wurden

Geruchsproben für Spürhunde

Der Schreibtisch von Erich Mielke

neben anderen hochrangigen Persönlichkeiten des untergegangenen Staates auch die Mitglieder des letzten SED-Politbüros. Wegen "Totschlags in sechs Fällen" (auf die sich die Anklage aus prozeßökonomischen Gründen reduziert hatte) wurde der frühere Staatsratsvorsitzende Egon Krenz im August 1997 zu sechseinhalb Jahren, seine Mitangeklagten Günter Schabowski (die tragische Figur mit dem Zettel, der die Welt veränderte!) und Günter Kleiber zu je drei Jahren Haft verurteilt.
Nur eine Randnotiz scheint es wert zu sein, daß sogar der relativ hoch bestrafte Egon Krenz nur wenige Monate in einer geschlossenen Zelle verbringen mußte, da auch ihm der Genuß des täglichen "Freigangs" zugebilligt wurde und er im "offenen Vollzug" lediglich zum Schlafen einrückte

Tür eines Trabant (PKW) mit Infrarot-Sensoren in den Türen

Im Winter 2005 in Berlin-Pankow protestiert ein Rollkommando ewig Gestriger, professionell angeführt von dem letzten Leiter des Amtes für Nationale Sicherheit - Wolfgang Schwanitz, Nachfolger von Erich Mielke - gegen die Einweihung eines Denkmals für die Opfer der SED-Diktatur. Lautstark unterbrechen sie die Festreden, verteidigen Stasi-Kerker als "recht so!". Unterstützt von der linksextremen Vereinigung der Verfolgten des Nazi-Regimes (VVN-BdA). Und ungenierter Zuspruch ertönt sogar aus Kreisen der sich gemäßigt kostümierenden SED-Nachfolgepartei PDS.

Die Mauer - Gedenkstätten

Mahnende Spuren eines so ungeheuerlichen, zehntausende von Menschen in die Mittäterschaft zwingenden, an hundertausenden Familien verübten Nationalverbrechens, wie das der DDR-Machthaber und ihrer Helfer und Helfershelfer im nachhinein grundlos zu beseitigen ist ebenso verwerflich, wie das Leugnen des Geschehenen. Würden Täter-Kinder und Opfer-Nachkommen nicht zutiefst betroffen sein von den verheerenden Taten und Irrtümern ihrer Altvorderen, so wären sie in deren Schuld nicht weniger tief verstrickt, wie Holocaust-Leugner in die der Nationalsozialisten. Zwar mag dies auf den ersten Blick auch unverhältnismäßig erscheinen, Tatsache ist, daß barbarische Verbrechen sich zwar in ihren Dimensionen unterscheiden, deren Opfer sich jedoch niemals gegeneinander aufwiegen lassen.

Das weltbekannte "Mauer-Museum! am berühmt-berüchtigstem Grenzübergang der Welt - Checkpoint Charlie

So gehört Gedenken und Trauerarbeit im privaten und öffentlichen Raum zu den edelsten und - zukunftsbezogen - wichtigsten Pflichten, zu denen Menschen sich bekennen sollten.
Umso unverständlicher ist, daß unmittelbar nach der Wiedervereinigung die Mauer beseitigt wurde; bis auf wenige, fragmentarische Reste, hat dieses in ihrer wuchtigen Brutalität einzigartige Synonym für Unmenschlichkeit profanen Bauvorhaben weichen müssen. Das seit jeher, und ganz besonders nach jeder seiner Geschichte schreibenden Katastrophen, der Zukunft entgegengereckte Leben Berlins, war immer schon eines der schnellsten überhaupt; Tempo, Tempo! Keine Zeit, keine Zeit! – ist sein tollkühner Rhythmus, und: für das, was war, wird nichts gegeben – sein Motto.

Am Checkpoint Charlie, da wo das mittlerweile weltweit gerühmte "Mauer-Museum" steht, hier, am berühmt berüchtigten Grenzübergang der deutschen Teilung, über den (zwischen dem 13. August 1961 und dem 9.November 1998) mehr DDR-Bürger fliehen konnten, als an jeder anderen Stelle der Deutsch-Deutschen Grenze; hier, wo sich sowjetische und amerikanische Panzer schussbereit gegenüberstanden und der dritte Weltkrieg auszubrechen drohte; hier, wo mit windigen Grundstückspekulationen angemessene Planungen verhindert wurden bemüht sich nun der Berliner Senat um Schadensbegrenzung. Er will entlang des Absperrzauns, den die Bank um ihre Ödnis errichtet hatte, die Erinnerung an die Mauer mit einer eigenen Dokumentationsausstellung lebendig halten.

Darüber hinaus plant der Senat auch größere Investitionen in das Gedenken. Mit Millionen - Beträgen soll versucht werden, wenigstens die kleineren der (in den ersten 16 Jahren des wiedervereinigten Stadtlebens begangenen) Fehler auszugleichen. Doch alles, was unmittelbar nach dem Fall der Mauer noch unkompliziert und kostengünstig hätte erreicht werden können, ist nun problematisch und teuer. Hinzu kommt, daß die Angebote der früher errichteten Gedenk-Möglichkeiten sich allesamt als unzureichend herausgestellt haben und entscheidende Nachbesserungen erfordern.

Der im Jahr 2000 fertig gestellte "Mauerpark" an der Bernauer Straße, zwischen Wedding und Mitte, wo sich 1961 einige der erschütternsten Szenen der deutsch-deutschen Teilung ereigneten, bietet Unverständliches: Zwei Stücke Mauer um ein stilisiertes Stück Todesstreifen mit Spiegeln, Stahlplatten und Panzersperren, als künstlerisch überhöhter Anspruch, der noch zu wenig vom einstigen Schrecken der hier gelegenen "Grenzbefestigungsanlage" vermittelt.

Der "Mauerpark" an der Bernauer Straße: künstlerisch überhöhter Anspruch?

Das gleiche gilt für die Mauerfragmente, die nahe dem Potsdamer Platz an der Niederkirchner Straße, unweit des Checkpoint Charlie, zu besichtigen sind.

"Topografie des Terrors", auf doppeltem Boden

Dieser frühere Grenzabschnitt liegt direkt über den Kellergewölben der alten GeStaPo-Zentrale (Geheime Staats-Polizei) und heutigen Gedenkstätte "Topographie des Terrors". Da stehen die Besucher nun also auf doppelt geschichtsträchtigem Boden; aufgebaut auf blutgetränkten Resten nationalsozialistischer Folterkeller, die in mancher Hinsicht nicht minder furchtbaren Erinnerungsstücke an den rotlackierten Faschismus der Kommunisten.
Der hier noch stehende Mauerrest wirkt auf den Betrachter wie ein Denkmal seiner selbst; Souvenir-Jäger hatten sich aus dem Mauerleib ganze Brocken heraus gehackt. Fast erbarmungswürdig stellt sich das beinah' skelettierte Monstrum nun dar.

Der mit 1,3 Kilometer längste zusammenhängende Mauerstreifen ist die EAST-SIDE-GALLERY (Mühlenstraße - Stadtteil Friedrichshain), ein Abschnitt der sogenannten "Hinterlandmauer", die nur von der Seite Ost-Berlins her zu sehen war.

"Der Brudekuss" - Das berühmteste Kunstwerk der "East-Side-Gallery"

Das grenzenlose Potential dieser Stadt

An vielen seiner Plätze unterscheidet Berlin sich mit den dort errichteten Neubauten nur unscheinbar von anderen Plätzen anderer Metropolen. Doch im Gegensatz zu anderen hat Berlin die Chance, mit seinem noch ungenutzten Potential zu überraschen.

Platz 1 der "Beliebtheits-Skala" touristischer Erlebnis-Erwartungen teilen sich (als Ausdruck allzu menschlicher Neigungen) Bauten und Relikte der Nazi-Ära und emotional berührende Überbleibsel des DDR-Terrors. Glanz und Gloria deutscher Kaiser und preußischer Könige stehen auf Platz zwei (Museen und andere Ausstellungen laufen in dieser Zählung außer Konkurrenz).
Gedenkstätten, die zwar von ästhetischem Reiz, in ihrer geschraubten Anspruchshaltung aber von törichter Uneinsehbarkeit sind, mögen Feuilletons erobern und Kunstpreise gewinnen, die Herzen der Menschen aber bleiben ihnen verschlossen.
Nicht über Architekturwettbewerbe, sondern über Emotionen wird Berlin seine Chancen nutzen und Rückhalt und Zuversicht aus seinen Rissen und Widersprüchen schöpfen. Diese Stadt wird nicht zum "Disneyland für Zeitreisende" werden, doch würde es ihr gut bekommen, wenn sie sich in ihren, dem Gedenken dienenden, Kultur-Planungen mehr den Bedürfnissen der Mehrheit der Menschen öffnet. Zeitreisen der ihr eigenen Art zur Erinnerung oder Offenbarung für jeden ganz normalen Passanten überall in der Stadt sollte sie anbieten. Als Teil des Alltags aller also.

Das Gedenken an die Mauer und deren Opfer verträgt sehr viel mehr Inhaltlichkeit, vor allem aber eine bessere Animation, als bürokratische Sachverwalter es für möglich halten möchten. Von vorrangiger Bedeutung wäre, daß dieses lebendige Gedenken von der Stadt nicht wie ein hirngeschädigtes Familienmitglied in entlegene Räume verbannt wird. Sie müßte es in ihrer pulsierenden, tosenden Mitte behalten. Quer durch ihre Straßen und Plätze will es bewegt werden, und nicht nur die Besucher sondern die Berliner selbst berühren. Anregen und aufregen will es. Es darf so manches, nur eines nicht: langweilen.
Keine Historiker, keine Politiker, keine Verwaltungsbeamten dürften darüber entscheiden, was in den "Bäuchen" der Berührten zu geschehen hat .
Ein publikums- und medienwirksames Konzept wird benötigt. Kreative müssen an den Start.
Es gäbe viel zu tun, nur angepackt müßte es werden. Es ist schon vieles in dieser Hinsicht geschehen - doch haben wir noch nichtmal die Hälfte des Weges in die Herzen der Menschen erreicht.

Chronologie

Wann - Wo - Was

Chronologie

12. September 1944
Noch bevor der II. Weltkrieg zu Ende ist beschließen die USA, Großbritannien und die Sowjetunion, wie sie das besiegte Deutsche Reich und Berlin unter sich aufteilen werden.

9. Mai 1945
Deutschland kapituliert.

4. Juli 1945
Die drei Westalliierten beziehen ihre Berliner Besatzungszonen.

4. Dezember 1946
Die sowjetische Militäradministration sichert die Demarkationslinien ihrer Besatzungszone.

Begrüssung der "Rosinen-Bomber" am Flughafen Tempelhof

24. Juni 1948
Beginn der Berlin-Blockade; die Westmächte richten zur Versorgung der von Hunger, Kälte und Krankheiten bedrohten West-Berliner die legendäre "Luftbrücke" ein.

12. Mai 1949
Die freie Welt hat sich durchgesetzt – Die Blockade ist beendet.

24. Mai 1949
Die Bundesrepublik Deutschland (BRD) wird gegründet – deren vorläufiger Regierungssitz ist Bonn.

7. Oktober 1949
Gründungstag der Deutschen Demokratischen Republik (DDR) – deren Regierungssitz ist Ost-Berlin

26. Mai 1952
Der mit den Westmächten, die über West-Deutschland und Berlin die Hoheitsrechte hielten, räumt der BRD weitgehende Selbständigkeiten ein. Zeitgleich riegelt die DDR die innerdeutsche Grenze ab, plant die "Operation Chinesische Mauer" und kappt rund 4000 Telefonleitungen nach West-Berlin.

17. Juni 1953
In Ost-Berlin und allen anderen DDR-Gebieten bricht der Volksaufstand aus.

10. November 1956
Im Chruschtschow-Ultimatum werden die West-Alliierten aufgefordert West-Berlin zu verlassen

29. März 1961
Der Warschauer Pakt lehnt Ulbrichts Absperrungspläne ab

15. Juni 1961
Walter Ulbricht erklärt in einer internationalen Pressekonferenz: "Niemand hat die Absicht eine Mauer zu bauen"

Walter Ulbricht

5. August 1961
Der Warschauer Pakt genehmigt die "Operation Chinesische Mauer"

13. August 1961
Kurz nach Mitternacht wird Berlin von DDR-Streitkräften gewaltsam gespalten. Entlang der innerstädtischen Sektorengrenze und an der Außengrenze zwischen West-Berlin und der DDR werden Straßen aufgerissen, Stacheldrahtverhaue und Betonbarrieren errichtet.

13./14. August 1961
Berlins Regierender Bürgermeister Willi Brandt kämpft gegen die fortschreitende Spaltung einen aussichtslosen Kampf.
Auch bei den Alliierten erreicht er nichts Entscheidendes.

15. August 1961
In der Ackerstraße (Wedding) werden die ersten Mauerteile aufgebaut. Die Alliierten protestieren.

19. August 1961
Die US-Armee schickt zur Verstärkung ihrer in West-Berlin stationierten Truppenteile eine "Symbolik" auf Reisen – ein US-Konvoi mit 1.500 Soldaten rollt durchs DDR-Gebiet über die Transit-Autobahn auf die "Insel".

US-Armee schickt Verstärkung

22. August 1961
Nun kommt auch Bundeskanzler Konrad Adenauer nach Berlin.

12. September 1961
Bildung der "Grenztruppen der DDR" als Bestandteil der Nationalen Volksarmee (NVA).

17. September 1961
Adenauer verliert bei der Bundestagswahl die absolute Mehrheit. Neuer Bundeskanzler ist Willi Brandt.

25. Oktober 1961
Am Checkpoint Charlie droht der 3.Weltkrieg auszubrechen. Erst am 4.Tag entspannt sich die Lage.

26. Juni 1963
US-Präsident John F. Kennedy besucht West-Berlin.

John F. Kennedy

18. Dezember 1962
Das große Weihnachts-Wunder: Die erste Passierschein-Regelung tritt in Kraft.

März 1966
Die Mauer wird bis 1971 fortwährend "modernisiert".

12. August 1970
Bundeskanzler Willi Brandt und Sowjet-Ministerpräsident Alexej Kossygin unterzeichnen den "Moskauer Vertrag" über Gewaltverzicht und Zusammenarbeit

3. Mai 1971
Der 1945 aus der Emigration in der Sowjetunion nach Berlin gekommene Altkommunist Walter Ulbricht, gebürtiger Sachse und gelernter Tischler, übergibt sein Amt an den früheren Dachdecker Erich Honecker.

Erich Honecker

3. September 1971
Die Vier-Mächte unterzeichnen das "Berlin-Abkommen" mit dem die Rechte der Westmächte "zementiert" und den West-Berlinern Erleichterungen verschafft wurden

17. September 1971
Unterzeichnung des Transit-Abkommens zwischen der Bundesrepublik und der DDR.

3. Juni 1972
Das Viermächte-Abkommen der Alliierten tritt in Kraft.

1976
Die DDR errichtet die "Hinterlandmauer" die das Herantreten an die Frontmauer verhindert.

7. Oktober 1977
Eine riesige Menschenmenge meist Jugendlicher demonstriert auf dem Alexanderplatz und fordert: "Die Mauer muß weg!"

3. März 1979
Die Bundesrepublik hat der DDR bereits 13.000 politische Häftlinge "abkaufen" können.

29. Juni 1983
Um weitere Vergünstigungen zu erreichen bewilligt die Bundesrepublik der DDR einen 1-Milliarden-Kredit.

12. Juni 1987
US-Präsident Ronald Reagan besucht West-Berlin

Ronald Reagan

19. Januar 1989
Erich Honecker verkündet, die Mauer werde "noch in 50 oder hundert Jahren bestehen bleiben, wenn sich nicht die Bedingungen geändert hätten, die zu ihrer Errichtung führten".

17. Januar 1988
In Ost-Berlin werden über 100 Angehörige der Friedens- und Menschenrechtsbewegung festgenommen, weil sie auf der von der Regierung angeordneten Rosa-Luxemburg-Demo das Motto: "Freiheit ist immer Freiheit der Andersdenkenden" skandierten.

3. Februar 1989
An der Mauer wird bei einem Fluchtversuch der 20jährige Georg Gueffroy erschossen – und geht in die Mauer-Geschichte als deren letztes Todesopfer ein.

19. September 1989
Erstmals in der DDR beantragt eine Oppositionsgruppe (das "Neue Forum") ihre offizielle Zulassung.

30. September 1989
DDR-Bürger versuchen über die Grenzen der Ostblock-Staaten in die Freiheit zu entkommen. Die ersten Flüchtlinge läßt die CSSR ausreisen.

2. Oktober 1989
In Leipzig gehen für Reformen in der DDR über 20.000 Demonstranten auf die Straße

6./7. Oktober 1989
Im Rahmen der Feierlichkeiten zum 40.Jahrestag der DDR schockiert Ehrengast Michail Gorbatschow Honecker mit dem Ausruf: "Wer zu spät kommt, den bestraft das Leben!"

10. Oktober 1989
Erich Honecker wird auf dem dramatisch verlaufenden Parteitag der SED entmachtet, sein Nachfolger ist Egon Krenz.

4. November 1989
Die sich gegen das DDR-Regime wendenden Menschenmassen sind nicht mehr zu bändigen. 1,3 Millionen Ost-Berliner und andere DDR-Bürger demonstrieren für den kompletten Rücktritt ihrer Regierung

7. November 1989
Die DDR-Regierung tritt geschlossen zurück

9. November 1989
Günther Schabowski verkündet auf einer internationalen, live übertragenen Pressekonferenz, daß es Ost-Berlinern ab sofort erlaubt sei, West-Berlin zu besuchen. Noch in der darauf folgenden Nacht fällt die Mauer. Ganz Berlin liegt sich jubelnd in den Armen.

10. Februar 1990
Michail Gorbatschow stimmt gegenüber dem Bundeskanzler Helmut Kohl der Deutschen Einheit zu.

18. März 1990
Die erste freie Volkskammerwahl (der DDR) ist ein eindeutiges Votum für einen schnellen Weg zur staatlichen Einheit – zur Wiedervereinigung Deutschlands.

21. Juni 1990
Mit Zweidrittelmehrheit stimmen Volkskammer und Bundestag dem Staatsvertrag über eine Wirtschafts-, Währungs-, und Sozialunion zu; In dessen Folge wurde am 1. Juli '90 die DM als Zahlungsmittel in der DDR eingeführt. Zeitgleich stoppte die BRD das Notaufnahmeverfahren für Übersiedler aus der DDR.

3. Oktober 1990
Die Deutsche Einheit ist vollendet. Die frühere DDR ist aufgelöst - deren Bevölkerung und Besitztümer sind der BRD angeschlossen worden.

DEM DEUTSCHEN VOLKE